Carlos Torres & Sueli Zanquim

# O ORÁCULO

EDITORA
ERA DE OURO

Publicação:
Editora Era de Ouro

Editor:
Carlos Torres

Produção e Capa:
Equipe Técnica Era de Ouro

Revisão:
Sueli Zanquim

**Dados Internacionais de Catalogação na Publicação (CIP)**
**(Câmara Brasileira do Livro, SP, Brasil)**

Torres, Carlos
O oráculo / Carlos Torres & Sueli Zanquim . --
1. ed. -- Jundiaí, SP : Ed. do Autor, 2012.

1. Espiritualidade 2. Evolução espiritual
3. Oráculos I. Zanquim, Sueli. II. Título.

12-00086 CDD-133.32

Índices para catálogo sistemático:

1. Oráculos : Arte divinatórias : Ciências ocultas 133.32



Era de Ouro – www.leidaatracao.com.br

***De:***

***Para:***

# Índice

Oráculo de Delfos .......... 9
Admiração .......... 11
Arte .......... 12
A Escolha .......... 13
A Grande Força .......... 14
A Fé .......... 15
As Ideais .......... 16
A Intuição .......... 17
Sendo Você Mesmo .......... 18
O Bom Pensamento .......... 19
A Verdade .......... 20
Convivência .......... 22
Acerto .......... 23
Certeza .......... 25
O Melhor .......... 26
Compartilhamento .......... 28
O Grande Salto .......... 29
Consciência .......... 30
Programação .......... 31
Amor Próprio .......... 32
Decreto de Renascimento .......... 33
Humildade .......... 35
Ansiedade .......... 36
Traição .......... 38
Ouvir .......... 40
O Aprendiz .......... 41
Felicidade .......... 42

Decisão .......... 44
Ambição .......... 45
Imortalidade .......... 47
Infância .......... 48
Luz .......... 49
Merecimento .......... 50
União .......... 51
Deriva .......... 52
Antecipe-se .......... 54
Oportunidade .......... 56
Alma Mundi .......... 57
Aventura .......... 60
O Altruísta .......... 61
O Verbo .......... 62
Entusiasmo .......... 63
Propósito .......... 66
Verdade ou Mentira .......... 68
A Alta Conta Corrente .......... 70
Ouse .......... 71
A Riqueza .......... 72
Pedido .......... 74
Potencialidade .......... 75
Provocação .......... 76
Nada Se Perde .......... 78
Satisfação .......... 80
Preparação .......... 82
Solução .......... 83
Desafio .......... 85
Vida .......... 86
Vida Eterna .......... 87
Vontade .......... 88
Destino .......... 90

Obstáculos .......... 92
A Grande Força .......... 93
Tudo é Importante .......... 94
Ação e Reação .......... 96
O Melhor .......... 98
Culpa .......... 99
Foco .......... 101
Milagres .......... 103
Sábia Natureza .......... 105
Ilusão .......... 107
Tempo .......... 109
Potencial .......... 111
Espelho .......... 113
TAO .......... 114
Os Sinais .......... 116
A Tábua de Esmeraldas .......... 118
Posse .......... 119
Julgamento .......... 121
Polaridade .......... 123
Diversão .......... 125
O Pássaro .......... 126
Para Ler Diariamente .......... 129
Informações Adicionais: .......... 132

**“É impossível alguém contemplar o céu e não acreditar na existência do Arquiteto do Universo.”**

**Lord Melquesedeque**

# Oráculo de Delfos

Situado na Grécia, local onde foi a antiga cidade de Delfos, no sopé do Monte Parnaso, nas encostas das montanhas da Fócida, a 700 metros sobre o nível do mar, e a 9,5 kilometros de distância do Golfo de Corinto, localizava-se o Oráculo, um grande templo dedicado principalmente a Apolo. Um local onde vinham os antigos gregos para colocar suas questões aos Deuses.

Delfos era um complexo de construções considerado um terreno sagrado para os antigos gregos, um local onde se realizavam os Jogos Píticos e profecias em transe.

As respostas ali obtidas eram consideradas verdades absolutas. Hoje, suspeita-se que os transes e visões eram provocadas por gases emitidos por uma fenda subterrânea, que emanava no local.

Das rochas da montanha circundante brotam várias nascentes que formam fontes, uma das fontes mais conhecidas desde tempos muito antigos, era a Fonte de Castália, rodeada de um bosque de loureiros consagrados ao deus Apolo.

A lenda e a mitologia dizem que no Monte Parnaso, próximo desta fonte, se reunia algumas divindades, deusas menores do canto e da poesia, chamadas de Musas das Fontes: as Náiades.

Nessas reuniões, Apolo tocava lira e as divindades cantavam.

Conta-se também que o Oráculo de Delfos ganhou tamanho significado mágico, após deus Apolo matar a serpente Phyton neste local, daí deriva o nome das sacerdotisas Pitonisas.

***"O homem nada sabe, mas é chamado a tudo saber."***

# Admiração

♉

A ***Admiração*** é o caminho mais seguro para alcançar o sucesso digno e duradouro, pois o exemplo nos remete a buscar o que há de melhor em nós mesmos.

Algumas pessoas se tornam exemplos a serem seguidos, pelas escolhas assertivas e pelos resultados magníficos conquistados perante ações embasadas na verdade, na confiança, no respeito e no amor ao próximo. Se elas tiveram o privilégio de alcançar tais posições, isso não foi por acaso e sim por mérito.

O preço do sucesso, da fama, da riqueza e do status social, é devolver o que recebeu através da prática do bem e edificá-lo da melhor maneira possível. Se quiser ser uma pessoa de sucesso, antes precisa saber, que terá um grande trabalho pela frente.

Como todos aqueles que você admira, um dia terá de ser um exemplo para muitos, caso contrário, o seu sucesso se tornará uma ilusão momentânea e facilmente se dissolverá num curto período de tempo.

Comece por buscar dentro de você o que lhe impulsiona a acordar todos os dias. O seu maior sonho é aquele mesmo sonho de criança, onde a pureza lhe permitia sonhar sem limites. Lá está a chave das suas realizações!

# Arte

Se tiver qualquer talento artístico, seja grato (a), pois todo aquele que possui um viés artístico, pode se considerar uma pessoa privilegiada, pois em companhia da arte, nunca estará realmente sozinho (a) neste mundo.

Os que cantam, os que tocam, os que dançam, os que pintam, os que esculpem, os que escrevem e atuam, muitas vezes parecem viver solitários, mas é puro engano pensar dessa forma, pois eles nunca estão sozinhos. Na verdade enquanto estão criando, estão por alguns momentos, conversando com Deus.

A arte é a forma que Deus encontrou para poder se comunicar com os homens.

Através das manifestações artísticas, o ser humano se aproxima do seu Eu Interior, da sua essência, do seu centro de sinergia com o Universo. É nesse momento que as vontades de Deus se materializam e se manifestam na Terra.

O que está esperando? Mãos a obra!

# A Escolha

Um marinheiro após perder seu grande amor, se viu muito triste e sem um rumo na vida.

Andando pela rua encontrou um andarilho que cantarolava uma triste canção e diante daquela cena não se conteve e perguntou:

-Amigo, estou muito triste e não sei para onde ir, sua canção me chamou a atenção. Por qual caminho devo seguir, para a direita ou para a esquerda?

-Querido, se você não sabe para onde vai então qualquer caminho serve. Você é quem escolhe. Só lhe digo uma coisa, não fique a deriva, segure com força o leme da sua embarcação e faça-a chegar aonde realmente quer chegar enquanto ainda é tempo, do contrário, seu barco poderá encalhar num banco de areia e nunca mais sair de lá. Eu fiz essa mesma pergunta um dia para um mendigo que morava por aqui e naquele dia, infelizmente decidi não tomar nenhuma decisão. – disse o andarilho.

A escolha está em suas mãos, cabe decidir se quer continuar na sua zona de conforto, deixando a vida passar lá fora, ou abraçar seus sonhos e caminhar rumo às realizações.

# A Grande Força

A força mais extraordinária do mundo, a mais sublime dentre todas, não se pode enxergar. O ser humano está fadado a nunca vê-la, apenas senti-la e vivenciá-la.

Por isso estamos vivos, para ter a oportunidade de conhecer o que os nossos comandantes superiores espirituais, que nos guiam, já conheceram um dia.

Hoje eles vivem em função dessa força, trabalham por ela e vivem em detrimento da sua expansão, pelos quatro cantos desse mundo.

Essa força cria as galáxias, as estrelas, os planetas e tudo o que nos rodeia. Mesmo sendo invisível, ela está ao nosso lado e ao nosso alcance.

Aquele que descobre o poder dessa força, pode se considerar um vencedor, pois vencerá o mundo e os medos que o permeiam. Essa força se chama ***Amor***.

O ***Amor*** é a força motriz que movimenta tudo o que existe e mostra a todos como se alinhar a sua força magnânima. Somente através do amor se constrói uma vida.

# A Fé

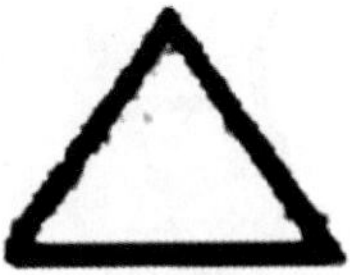

A fé é o poder de acreditar naquilo que não se pode ver.

Fomos criados a imagem e semelhança de um Deus criador. Um Deus que acredita na vida e não joga dados com o Universo. Um Deus que confia e quer que você também confie nos propósitos que Ele determinou a você nesta vida.

Confie, confie e confie! Essa é a palavra de ordem. Confie em si mesmo (a), pois assim estará praticando a verdadeira fé.

Querido (a) amigo (a), o Universo é perfeito. O que foi determinado a você, mais cedo ou mais tarde, será manifestado em glória na Terra. Nunca é tarde para ir à busca do que é seu por direito.

Nunca duvide disso, transforme a sua fé em algo poderoso e indestrutível. Assim a sua fé, sempre estará rindo do impossível.

# As Ideais

♉

Está com boas ideias? Então, transforme-as em ***ideais***.

A grande ideia só se transforma num grande negócio, numa grande empresa, em um grande produto, num bom livro ou numa famosa obra de arte, se tiver forte raiz e for transformada em um grande ideal de vida.

Mas isso não se pode fazer artificialmente. Uma ideia, só se transforma em um ideal, se for algo real e se estiver de acordo com os seus propósitos, suas habilidades e seus talentos íntimos.

Não perca mais tempo com coisas que não lhe dizem respeito, vá direto à fonte do seu entusiasmo, rumo ao encontro das verdades da sua alma. Lembre-se sempre:

A inspiração e a criação só podem surgir de dentro, lá do fundo do coração, onde reside e vibra a grande vontade.

***"Se duas pessoas fazem a mesma coisa. Então não é a mesma coisa."***

# A Intuição

Preste atenção nas verdadeiras intenções que pairam pelo ar quando estiver perto de alguém.

Você possui uma percepção oculta que capta as vibrações e lhe revela a verdade que está a sua volta.

A maioria não tem controle e não sabe como utilizar esse dom, um dom poderoso que foi usado com muita eficácia num passado distante, como nos tempos do antigo Egito.

Esse dom se chama intuição e através dele você é capaz de fazer uma leitura das vibrações mentais alheias, ou seja, as intenções de todas as pessoas que estejam, por algum motivo, se relacionando com você.

Aprimore sua intuição e terá um excelente escudo de proteção contra qualquer tipo de negatividade que possa se aproximar.

Lembre-se: A intenção sempre chega antes do cartão de visita.

A intuição é sua bússola interna, ela lhe dá todos os sinais referentes a tudo e a todos. Cabe a você aprimorar esse dom tão precioso e usá-lo nos momentos onde a dúvida se faz presente.

Com a prática diária, chegará à conexão plena de suas potencialidades. Comece a aprimorar sua intuição a partir de hoje e conheça um dos mais incríveis sentidos do ser humano.

# Sendo Você Mesmo

A maneira mais fácil e segura de viver a sua vida é sendo você mesmo (a).

Esqueça o que os outros pensam sobre você. Esqueça o que os outros esperam de você ou desejam que você faça. Se não viver a sua própria vida, nunca poderá ter acesso ao que realmente lhe é de direito.

Seja autêntico (a) o suficiente para não se deixar levar pelas ilusões de um mundo repleto de invejas e más intenções.

Seja forte, justo (a) e autoconfiante, pois assim verá todas as energias contrárias e confusas, que na maioria das vezes são criadas por outras pessoas, sendo instantaneamente dissolvidas e neutralizadas.

Acredite, além de ajudar a si, estará ajudando a todos, já que a sua realização pessoal emanará aos que estão à sua volta, uma energia de satisfação, alegria e bem-estar, gerando ao seu redor uma egrégora extremamente positiva.

# O Bom Pensamento

A melhor maneira de aperfeiçoar seu padrão de vida é aprimorando o padrão dos seus pensamentos.

Uma das coisas mais difíceis para o ser humano, é mudar seu padrão de pensamento e sua conduta interna, pois estão enraizados no interior da sua consciência.

Somente o auto-enfrentamento e a vontade de se conhecer por completo, podem levá-lo (a) ao encontro da liberdade e da realização pessoal.

Não existe nada no mundo que traga maior satisfação ao homem que a liberdade de escolha e o livre pensamento.

Seja livre para pensar e agir, pois tudo o que deseja faz parte da Grande Lei. Faça tudo o que quiser, pois é tudo da Lei.

No entanto, o ideal é que esteja sempre focado (a) para o bem.

***"Veja as sementes que está plantando, pois sempre colhe o que planta."***

# A Verdade

Todos nós temos um vazio interior a ser preenchido nesta vida. Dentro de você, há uma verdade interna e uma mentira interna, ambas são segredos pessoais e fazem parte da mesma essência. Cada um de nós sabe o que existe e vibra dentro de si. Esse é realmente um segredo que poucos revelam uns aos outros, no entanto, mesmo não dizendo para as outras pessoas, nós sabemos exatamente o que está acontecendo dentro de nossos corações, não é?

Extraordinariamente, uma dessas duas forças é o que movimenta a sua vida.

-Qual será a força que movimenta a sua vida?

-Você está vivendo a sua verdade ou a sua mentira?

-O que carrega nas suas costas irmão (ã)? O alimento da verdade ou o pesado fardo da mentira?

Pare por alguns instantes e pense nisso! A mentira é o seu carma, a sua prisão e a fonte do seu sofrimento. A mentira traz medo, desamparo e dor, já a verdade é o seu dharma, sua liberdade e sua fonte de prazer. A mentira traz desarmonia e contratempos, mas a verdade traz confiança e certeza para alma humana.

Por isso, opte sempre pela verdade, a sua verdade. Como disse um dia nosso grande Mestre:

***"Conheçam a verdade e a verdade vos libertará."***

***Jesus Cristo***

# Convivência

Uma vida isenta de boa convivência pode ser considerada uma espécie de morte.

Nós só existimos porque os outros também existem. O ser humano nunca poderá viver só, ele necessita e precisa de outras pessoas para conquistar o que deseja, como também os outros precisam de nós para conseguirem conquistar o que almejam.

Ter consciência do poder da boa convivência é renascer para uma nova vida. Uma vida justa e compartilhada. A vida que Deus quer que seja vivida.

Através da boa convivência estará de acordo com os propósitos maiores da humanidade e da divindade que nos cerca.

Agradeça por sua família e pelas amizades verdadeiras que possui. Lembre-se das pessoas que lhe fazem sentir bem e lhe trazem boas oportunidades, pois elas são como anjos que andam pela Terra.

# Acerto

Não precisa mais aprender através dos erros, já pode aprender através dos acertos. O ditado que diz que errar é humano já está ultrapassado e em desuso.

Um novo mundo está se aproximando e vem nos presentear com novos valores.

Tente, pois ***tentar*** é como praticar a fé e a confiança. Deve-se tentar sempre, pois com toda certeza, quem tenta, um dia sempre acerta.

Acertar sim é humano!

***"Nem tudo o que se enfrenta pode ser modificado, mas nada pode ser modificado se não for enfrentado."***

Só uma coisa é capaz de tornar um sonho impossível: o medo do fracasso.

Esqueça o fracasso e nunca pare de tentar.

***"O sofrimento é sempre uma advertência. Quando a natureza puxa a corda, é porque estamos caminhando no sentido contrário; quando ela nos castiga, é que o perigo está por perto ."***

*Eliphas Levi (1810-1875)*

# Certeza

A Lei da Certeza é a Lei da Fé. Ter certeza é ter dentro de você a convicção que está pronto (a) para receber o que o Universo lhe reservou. É acreditar que você é merecedor (a) da prosperidade e que tudo lhe será dado no devido momento, pois sabe que no fundo, é um (a) herdeiro (a) universal.

Se não tem certeza em seu coração, de nada adiantará seu esforço, pois estará desperdiçando além de tempo, uma energia preciosa, que poderia estar direcionando para algo maior.

Não encare a fé como algo que somente as pessoas que vão à igreja possuem, existem inúmeras pessoas no planeta que vive suas vidas baseadas na fé e que não tem sequer consciência disso, pois sempre levaram a vida de um modo positivo e extraordinariamente sempre são retribuídas por isso.

Procure canalizar sua energia vital para o foco principal. É exatamente para onde foca a sua atenção, que sua energia se manifesta.

Quanto mais irradiar atenção, mais poderosa será a sua frequência e mais rápido receberá o que deseja. Assim se manifesta o poder da fé. A fé é a própria certeza.

# O Melhor

Hoje você merece o melhor. Liberte-se de toda resistência e medo que tem pelo dinheiro e permita que ele flua alegremente em sua vida. Diga para você mesmo (a):

"O que eu desejo chegará de todas as partes através das pessoas que eu quero bem. A vida satisfaz todas as minhas necessidades com grande abundância, pois eu confio nela e ela confia em mim.

Que o melhor se manifeste da forma mais adequada possível na minha vida, para que além de mim, todos os que estão ao meu redor, também sejam beneficiados e que possamos juntos, saborear e compartilhar o adocicado sabor da vitória.

Que o melhor se manifeste em mim e de mim para todos. E de mim para todos. E de mim para todos.

A partir de hoje, pela vontade universal me torno uma pessoa poderosa, irradiante e satisfeita com a vida. Emito somente boas vibrações para mim e para todos. Para mim e para todos. Para mim e para todos.

Obrigado (a)!"

***"Comece fazendo o que é necessário, depois o que é possível, de repente você estará fazendo o impossível."***

***São Francisco de Assis (1182 -1226)***

# Compartilhamento

Dividir muitas vezes significa somar.

A vida é um eterno aprendizado. A cada momento tente aprender com ela o significado de tudo que acontece com você. A vida ensina a cada minuto. Preste atenção, pois ela fala com você o tempo todo. Só precisa ficar atento (a) e orar para se manter alerta.

Estamos aqui para compartilhar o que nós temos de melhor com o que o outro tem de melhor.

Através da força do compartilhamento mútuo, construiremos juntos, um mundo verdadeiramente humano.

Somando somos fortes, mas compartilhando nos tornamos invencíveis.

***"Ninguém pode vencer uma batalha lutando sozinho."***

# O Grande Salto

Quando sua vida muda, é porque algo dentro você também mudou, um grande salto ocorreu em sua mente, e sua consciência se modificou radicalmente. A vida é repleta de saltos e aprendizados.

Quando um salto quântico ocorre, a mente jamais volta ao seu tamanho original. A consciência amplia, a mente esclarece e o espírito se ilumina.

Esclarecimento é o ato de clarear uma mente que ainda se encontra obscurecida pelas sombras.

Geralmente esses saltos ocorrem através da simples observação das maravilhas que a natureza pode proporcionar, como por exemplo, olhar para o céu estrelado durante a noite.

Quando percebemos definitivamente, que somos apenas mais uma, dentre as extraordinárias criações de Deus, percebemos que podemos ser mais humildes e compreensíveis.

***"Conhece-te a ti mesmo e conhecerás o Universo e os Deuses."***

*Sócrates (470 a.C)*

# Consciência

O lado racional das pessoas é sempre pessimista, pois se baseia nas estruturas da mente. A razão tem como raiz principal, a matéria.

Já o lado emocional, a vontade verdadeira do homem, traz consigo o otimismo. O lado emocional se baseia na estruturas da consciência. A emoção tem como raiz principal, o espírito.

Cabe a você avaliar se está agindo pelas forças da razão ou pelas forças da emoção, e a partir daí, conduzir sua vida mediante as escolhas que fizer.

Lembre-se, você é o (a) único (a) responsável pelas consequências de seus atos.

Não tem ninguém julgando ou vigiando seus atos para depois lhe castigar. Deus sequer sabe o significado da palavra julgamento e muito menos da palavra castigo. Deus não castiga ninguém, muito pelo contrário, Ele o (a) ama. Mas Ele criou a consciência para que fosse sua bússola.

Sua consciência é o seu guia, ela vê e coordena sua vida. A sua consciência é o seu olho. O olho que tudo vê.

Deus criou você um ser livre. Você é livre. Você é quem está no comando da sua própria vida. Pense nisso!

# Programação

Da mesma forma que utiliza a sua agenda para não se esquecer de seus compromissos diários e semanais, a partir de hoje, comece a criar uma nova agenda, mas esta, para não se esquecer de seus compromissos (sonhos e desejos) para os próximos meses, anos e para toda a sua vida.

O futuro depende do presente, pois o que estiver desejando agora, está sendo projetado para o futuro. Quando o futuro se transformar em presente, tudo estará pronto para se realizar, como foi programado.

Não existe nenhuma pessoa de sucesso que tenha conquistado algo na vida, mas que não tenha se programado e se preparado para tal.

Acreditar e confiar é a regra para alcançar qualquer sucesso na vida. Não se pode ter acesso às realizações, se não confiar no futuro. O futuro é o reflexo do presente, e tudo que decretar e idealizar hoje, estará pronto para se realizar no futuro.

Alimente sua mente e não se preocupe como conseguirá ou quando conseguirá alcançar o que deseja. O sucesso e a vitória estão diretamente ligados ao poder da decisão. Uma vez decidido, o Universo começa a trabalhar e trazer as condições favoráveis para que alcance com êxito suas metas e seus ideais. O Universo sempre conspirará a seu favor.

# Amor Próprio

De nada serve a vida se não conseguirmos ser bons pelo menos para nós mesmos.

O amor próprio é o primeiro passo que se deve dar em direção à verdadeira prática do Amor Universal. Se não se amar o suficiente, jamais poderá ser bom (a) e solidário (a) com os outros. O altruísmo verdadeiro só poderá existir quando vibrar dentro do seu espírito, o amor próprio.

Amor próprio não tem nada a ver com egoísmo ou egocentrismo, amor próprio é amar a própria vida. Ame-se para conseguir amar. Ame-se para ser amado (a).

A Lei do Amor comanda a humanidade.

Infelizes são aqueles que não acreditam nisso, pois nunca sentirão o doce sabor de amar e de ser amado.

A partir da premissa de que o amor perdoa, une, constrói, cura revigora e salva, como poderemos continuar negligenciando e bloqueando o amor em nossas vidas?

Amor é a palavra de ordem do novo milênio.

# Decreto de Renascimento

Hoje acordei para uma nova vida. Deixo de lado, tudo o que não faz mais sentido e que me deixa triste. Não há mais motivos para carregar o que não faz mais parte de mim. Vou viver uma nova vida.

A partir de hoje, deixo tudo ir embora com carinho e amor, junto com os ferozes ventos da eternidade, que o planeta deixa para trás, enquanto viaja pela rota da infinita eternidade. Hoje, tudo o que me faz mal, será levado e nunca mais retornará.

Hoje, deixo meu corpo leve e meu espírito tomarem conta de mim e de meus anseios, pois ele sabe o que é bom para mim e para minha vida.

Aqueles sentimentos que um dia me trouxeram amargura, fraqueza, preguiça e desânimo, já não existem mais, aqueles que um dia eu magoei hoje eu perdôo. Aqueles que um dia me ajudaram hoje eu agradeço do fundo do meu coração e para aqueles que se foram e deixaram um espaço vazio a ser preenchido no meu peito, vibro a mais pura saudade, pois tenho certeza que um dia irei reencontrá-los novamente.

Hoje meu espírito sorri e me diz obrigado por me acolher novamente, pois ele certamente estava esperando há muito tempo o meu chamado e o meu despertar para uma nova vida. Hoje eu e ele somos um só em comunhão com o propósito maior.

Hoje despertei para uma nova vida e as cortinas se abrirão diante dos meus olhos, as poeiras desérticas dos meus medos se decantarão, e graças a Deus, já posso sentir o frescor da brisa do Nilo refrescando novamente minha face.

Que a luz da verdade ilumine o meu caminho e o caminho de todos os que estão ao meu redor.

***(Decreto de renascimento ensinado pelos antigos sacerdotes da Escola de Mistérios do Olho de Hórus do antigo Egito.)***

# Humildade

Deixe a arrogância, o egoísmo e a presunção de lado. Não dê ouvidos ao seu ego exacerbado e superestimado, pois ele certamente pode ter sido mimado por você mesmo (a), como se fosse uma criancinha.

Muitas vezes temos de acordar de nossos sonos profundos e sair da zona de conforto em que nos encontramos.

Sim, para conhecer a vida e encarar a realidade, é necessário despertar e começar a dar ouvidos à sábia humildade.

Ao contrário do que muitos acreditam, a humildade é capaz de nos proteger de todos os infortúnios mundanos e trazer a luz da verdade para as nossas vidas.

Através dela, é possível atrair e manter as boas amizades, o maior de todos os tesouros que se pode conquistar nesta vida.

Os mestres e mentores espirituais nos dizem que nos planos superiores, a sabedoria é importante, mas dizem também que para podermos conquistar a verdadeira sabedoria, é preciso antes, conhecer o poder da verdadeira humildade.

***O Povo Azul (Os Orientadores de Consciências)***

# Ansiedade

Pare por alguns instantes o que está fazendo e aquiete-se. Deixe as preocupações de lado, pois elas são todas meras ilusões.

Como pode se preocupar com algo que ainda sequer aconteceu?

A preocupação só ocorre para aqueles que estão ansiosos e mergulhados num mundo de urgências e emergências. A ansiedade só pode existir se houver antes, o medo do futuro. A solução é não dar tanta atenção ao medo.

Como disse um dia Willian Blake:

-"Desejo que você consiga ver o Universo em um grão de areia e o paraíso em uma flor. Que você consiga segurar o infinito na palma de sua mão e notar a eternidade em apenas um minuto".

Essa máxima vem ressalvar a importância de observar nossas vidas, pois quando estamos cegos pelas preocupações e pelas urgências, perdemos o real sentido da vida e não notamos que a solução para a maioria dos problemas, está bem diante de nós.

# Religação

A palavra religião vem do latim ***religare*** e significa, religar-se a algo que estava ligado e foi separado. Religião nada mais é que sentir Deus em sua essência, pois somos todos templos vivos de Deus.

Não deve se preocupar em saber se Deus está ou não ao seu lado, ou se ele está ou não junto a você, pois Ele está em tudo, em todos e a todo instante. A cada inspiração, Deus está presente, a cada pulsar do seu coração, Deus está presente, basta saber se você o sente verdadeiramente em sua vida.

Sim, Ele é seu Pai, seu melhor amigo e seu melhor conselheiro. Não importa se é católico (a), evangélico (a), protestante ou de qualquer outra religião, Ele sempre o (a) auxiliará e lhe mostrará o melhor caminho a seguir, Ele nunca lhe enganará. Confie Nele e em seus propósitos, pois assim estará conectado (a) novamente com a Fonte que lhe criou um dia.

***"Deus está dentro de você."***

# Traição

A traição é sempre causadora de severos rompimentos, sejam amorosos, familiares ou mesmo entre amigos.

O que as pessoas não observam é que a traição é apenas uma muleta que é comumente usada pelos fracos para justificarem seus atos e suas ausências.

***"Quem trai se justifica e quem é traído se vitimiza."***

Poderíamos relatar várias faces da traição, e ainda assim não seria suficiente para explicar sua essência. Resumidamente a traição tem origem nos sentimentos de insegurança, falta e ausência. Aquela frase que diz que a ocasião faz o ladrão, vem bem a calhar nessa síntese, pois relata exatamente como a traição assola as pessoas.

Confiar é uma das atitudes mais difíceis nos tempos atuais, devido aos padrões que a sociedade vem impondo ultimamente.

Infelizmente a nobreza de um bom caráter é cada vez mais rara. Infelizmente, as pessoas se acostumaram a manipular umas as outras e diante disso, se faz necessário refletirmos sobre nossos padrões de conduta e avaliarmos o que nos aflige em relação ao outro.

Relacionamentos saudáveis são embasados na confiança e cabe a cada um de nós demonstrarmos aos que estão a nossa volta, que estamos seguros em relação a nós mesmos, ao que sentimos e ao que somos. Assim o outro automaticamente sente essa segurança não dando margem para sentimentos errôneos que o levem a trair a sua confiança.

Aquele que pratica a traição carrega consigo um grande problema, o problema da não aceitação e da falta de respeito. Por isso, ao contrário do que muitos acreditam, não é a pessoa ***traída*** que tem um problema para ser resolvido, mas sim aquele que ***trai***, pois esse sim, tem no fundo, um sério problema para se resolver, um problema íntimo e muito pessoal.

# Ouvir

Atualmente as pessoas não querem mais ouvir. Elas querem ser ouvidas.

Nesse ritmo desenfreado em que vivemos, estamos vivendo como se estivéssemos no piloto automático e cada dia acelerando mais. As pessoas estão se fechando em seus mundos particulares, onde a palavra ***"Eu"*** impera impávida a maioria do tempo.

Normalmente, num encontro, quando uma pessoa aflita precisa ser ouvida, a outra ao invés de se tornar uma ouvinte ou uma conselheira acaba se tornando na verdade outra locutora, pois ela não quer ouvir o que a outra tem para dizer; para ela, seus problemas são maiores, suas idéias são melhores e assim por diante. As pessoas querem ser ouvidas, mas ninguém mais está ligando para isso. Não é?

Os governantes, os empresários, os síndicos, os pais, as mães, os maridos e as esposas que compreenderem a extrema urgência de começarem a ouvir o outro e pararem de querer somente ser ouvidas, descobrirão a maneira mais rápida e eficaz de praticar a verdadeira solidariedade e caridade.

Ouça primeiro para depois ser ouvido (a). Perceberá o bem que está fazendo ao outro. Perceberá que quando olhar para o seu semblante, imediatamente será contagiado (a) pela energia da gratidão e do acolhimento. Talvez assim a palavra ***"Nós"*** comece a ser mais utilizada em nosso dia a dia.

# O Aprendiz

Ouvir é um dom que poucos possuem.

No mundo individualista em que vivemos, os que sabem escutar, são os que mais aprendem.

Se hoje você é quem ouve, prepare-se, pois amanhã você é quem estará ensinando e sendo ouvido.

Aprender é o primeiro passo que se dá para aqueles que um dia desejam ensinar.

***"Espero que sempre possa desejar mais do que consegue fazer."***

# Felicidade

A verdadeira magia da vida, consiste em promover a paz por onde quer que passe e ser uma pessoa grata por todos aqueles que lhe ajudaram pelo caminho.

Esganam-se aqueles que acreditam que a verdadeira felicidade está no futuro, como também se enganam aqueles que acreditam que ela está no presente.

A verdadeira felicidade encontra-se no passado e está diretamente ligada ao sentimento de gratidão.

Gratidão é o sentimento mais nobre que existe, é a fonte do amor e da compaixão. Ame o próximo como a si mesmo (a) e descobrirá a fonte que iluminará todos os seus caminhos.

Pare por alguns minutos e veja como é possível ser feliz e agradecer por tudo aquilo que já conquistou. Veja como consegue ser grato (a) por todos aqueles que um dia lhe ajudaram.

Se conseguir sentir a gratidão no fundo da sua alma, então, você pode começar a se considerar uma pessoa realmente feliz.

***"Um livro aberto é um cérebro que fala. Fechado, um amigo que espera. Esquecido, uma alma que perdoa. Destruído, um coração que chora."***

***Voltaire (1694 -1778)***

# Decisão

É necessário mais coragem para ousar fazer o que é certo do que para fazer o que é errado. Isso porque ainda somos regidos pelos poderes maléficos do medo.

O medo sempre nos leva a tomar decisões errôneas. Por isso, nunca tome decisões baseadas no medo e jamais dê ouvidos a ele. Quando tiver que decidir algo ou fazer alguma escolha, nunca faça sobre efeitos da raiva, da inveja ou dos sentimentos negativos. Opte por parar e ouvir sua intuição. Suas decisões devem ser sempre tomadas pela força do amor. Lembre-se sempre:

***"O amor tem o poder de construir e o medo tem o poder de destruir."***

# Ambição

Há uma diferença muito grande entre ambição e ganância.

Todo aquele que deseja chegar a algum lugar, que não seja o mesmo em que se encontra neste exato momento, necessita de uma boa dose de ambição.

A vida necessita da ambição, tanto quanto a ambição necessita da boa vontade para existir.

A ambição é um dos bons sentimentos que permeiam a alma humana. Por isso ter boa vontade é essencial para tudo que quiser realizar em sua vida, pois através dela terá força e motivação suficiente para ir onde quer que deseje.

Acredite, a ambição será capaz de levá-lo (a) até lá. Mas cuidado, a ambição é sadia, contudo a ganância é doentia.

***"Você pode até ir devagar, mas nunca pare de andar."***

*"Ignorante não é aquele que não tem instrução, é aquele que não conhece a si próprio."*

*Krisnamurti (1895 -1986)*

# Imortalidade

Somos todos espíritos imortais, porém Deus teve de criar a morte para que pudéssemos às vezes descansar de nós mesmos, durante o período que separa uma vida de outra vida.

Se Ele não fizesse dessa forma, talvez não seríamos capazes de suportar a nós próprios.

***"As almas não morrem jamais, mas sempre deixam uma morada para passar à outra. Eu mesmo me lembro de que na época da Guerra de Tróia, fui Eufórbio, filho de Pantos e caí pela lança de Menelau. Todas as coisas mudam, mas nada padece.***

***Do mesmo modo que se gravam certas figuras na cera, esta se derrete e pode gravar outras tantas, assim é a alma, sempre a mesma, apresentando, contudo, formas diferentes.***

***Portanto, se o amor ao próximo não estiver extinto em vossos corações, deveis abster-se de violar a vida daqueles que podem ser vossos próprios parentes."***

***Pitágoras (480 a.C)***

# Infância

Esta noite, antes de dormir, deite em sua cama e relaxe por alguns minutos e lembre-se das brincadeiras de criança, daqueles bons momentos que teve na sua infância.

Traga à mente somente as boas lembranças que um dia teve com sua família e com seus amigos queridos. Em seguida, lembre-se dos seus sonhos mais antigos, aqueles que você sabia que eram possíveis de se realizar na sua vida. Lembra-se deles?

Não é porque era apenas uma criança, que seus sonhos eram irreais e impossíveis.

Acredite, você ainda é aquela criança que sonhava livremente, sem vícios, sem dogmas e sem os padrões de condicionamento, que ao longo de caminhada desta vida acabou absorvendo.

Aquela criança ainda está aí dentro, esperando o despertar e o resgate dos seus verdadeiros sonhos para esta vida.

O corpo pode enrijecer e envelhecer, mas os verdadeiros sonhos nunca envelhecem. Eles ainda são possíveis e vibram lá no fundo do seu coração. Encontre-os e realize-os. Não se arrependerá um segundo sequer de ter feito isso.

# Luz

A Lei da Vitória é a Lei da Verdade, a Lei da Vida Eterna. A lei que determina e descreve a escatologia humana, essa é a Lei da Luz.

O império do mundo é o império da Luz. A Luz é o comando maior, que tudo rege.

Mesmo trabalhando para o mal, o homem sempre estará trabalhando para o bem. Mesmo acreditando ser um ser destruidor, no fundo ele estará criando, pois foi criado a imagem e semelhança de um Deus Criador.

O bem é a representação da Luz, o mal é simplesmente uma das formas, uma maneira ou um dos caminhos que uma pessoa escolhe para poder um dia chegar até a Luz. Logicamente um caminho muito longo e doloroso.

-Que caminho você está seguindo? O caminho do bem ou o caminho do mal?

Saiba que ambos levam ao mesmo lugar. Através do bem, irá pelo caminho mais curto e chegará mais rápido onde deve chegar, pois estará seguindo pelo suave caminho do amor, porém, através do mal, demorará demasiadamente, pois terá de fazer o caminho mais longo, o espinhoso caminho da dor.

A escolha é sua. Sugerimos que vá pelo retilíneo caminho dos bons. Acredite, só tem a ganhar.

# Merecimento

A grandeza não consiste em receber honras, mas sim em merecê-las. O homem de boa fé deve sempre buscar o que almeja.

Merecimento nunca estará ligado à boa sorte ou ao acaso, muito menos estará relacionado a qualquer aproveitamento alheio ou má conduta perante aqueles que um dia lhe ajudaram na vida.

O verdadeiro merecimento vem para coroar o bom trabalho, as boas e edificantes intenções dos que querem o melhor para si e para aqueles que os rodeiam.

Merecimento não se ganha, se conquista.

***"Nada é impossível para aquele que persiste."***

***Alexandre o Grande (331 a.C)***

# União

***"Se dois de vós se unirdes para um único propósito, eu vos darei o que pedirdes e teus desejos se manifestarão em glória na Terra".***

Tente não pedir as coisas somente para você. A partir de hoje, comece a potencializar seus sonhos agregando mais pessoas aos seus desejos. Assim eles terão muito mais potência vibracional e intencional. A vontade de uma pessoa somada a vontade de outra se torna uma vontade duplamente potente, imagine só a vontade de uma pessoa somada a vontade de muitas. Certamente se tornará algo praticamente indestrutível.

Depois que potencializar e dar real intensidade aos seus desejos, em seguida envie-os em direção a Deus e deixe-o trabalhar um pouco por você.

Por que potencializar seus sonhos e desejos?

Porque se eles não tiverem força suficiente, sequer conseguirão chegar aos ouvidos do Criador.

Deus conversa com os homens de duas formas, através do amor e através das intenções.

Intenção significa intensidade, força e potência vibracional. Uma pessoa que tem boas intenções é uma pessoa que tem o poder de conversar com Deus.

# Deriva

Muitas pessoas não se programam para a vida. Não faça o mesmo. Deixar a vida o (a) levar é como navegar até ficar à deriva.

Faça uma programação para a sua vida, não fique à deriva. A vida é como uma embarcação, se não manter o rumo correto, ela pode encalhar num banco de areia e ficar ali para sempre, pode bater contra um paredão de rochedos e até naufragar.

Não deixe a vida o (a) levar, se assim fizer, ela pode não levá-lo (a) aonde você deseja chegar. Geralmente quando se deixa a vida levar, outros vêm e assumem o comando da sua vida.

Quem não assume o comando e não dá um rumo para sua própria vida, automaticamente autoriza que outros assumam. Portanto é hora de assumir o comando total. Agarre seus sonhos e vá em direção deles, custe o que custar. Acredite não vai se arrepender.

Deus não quer que a vida lhe dê a direção, Ele quer que você assuma o leme e a conduza para o rumo correto.

***"Na maioria das vezes o que aprendemos sozinhos, vale bem mais do que aquilo que nos ensinam."***

# Antecipe-se

Não espere por uma crise, para descobrir o que é importante em sua vida.

Antecipe-se contra os imprevistos que possam vir. Se há duvidas no ar, há controversas, e por isso sua consciência está tentando lhe mostrar que algo está errado e precisa ser verificado com atenção.

Pare e pergunte para si mesmo (a):

-Será que minhas intenções estão sendo suficientemente claras?

-O que estou desejando vai me trazer alguma evolução ou somente regressão?

-Minhas escolhas estão me trazendo prazer ou somente desprazer?

-Além de mim, mais alguém está sendo beneficiado com as coisas que estou desejando?

Se a resposta for sim, para essas e outras perguntas que lhe venham à mente, então vá em frente, pois suas intenções estão corretas. Se não, avalie verdadeiramente suas intenções, pois pode haver uma segunda intenção que está sendo camuflada, impedindo que você enxergue a verdade.

Isso pode ser prejudicial. Atenção!

***"Não precisa ver para crer, creia e verá. Pois o que for para ser já é."***

***Joahdi (O Povo Azul)***

# Oportunidade

Não sobrecarregue seus dias com preocupações desnecessárias, para não perder a boa visão quando uma grande oportunidade passar bem na sua frente.

O bonde passa de vez em quando e não costuma parar para esperar os indecisos. Essa é uma sabedoria antiga que nos faz pensar e refletir para o que estamos dando importância em nossas vidas.

Preocupe-se somente com coisas que lhe fazem bem, ocupe a sua mente com o bem, o que não faz bem, delete e deixe ir embora.

# Alma Mundi

A alma do mundo se alimenta de vida e a vida se alimenta de sonhos. O sonho por sua vez é a matéria prima da vida.

Mas qual é a matéria prima dos sonhos?

A matéria prima dos sonhos é o amor. Nada se cria senão pela força magnífica do amor.

Não fazer nada produtivo na vida, é certamente uma grande perda de tempo e de energia. Toda pessoa deve preencher seu ***Livro da Vida*** com muitas palavras e lembranças de amor. O ideal é não deixar as páginas em branco.

Você tem o direito e o dever de sonhar o mais alto que puder, pois esse é o dom maior que lhe foi dado de presente por Deus. O dom de sonhar e de amar. Não desperdice esse dom, dê uma chance para o amor entrar em sua vida. Acredite, ele pode precipitar milagres na Terra.

Aquele que não tem sonhos e não ama a vida, não coopera com a alma do mundo.

Seja você também um servidor do amor.

-Como?

Amando a si próprio (a), já é um bom começo! Seja feliz!

# Natureza

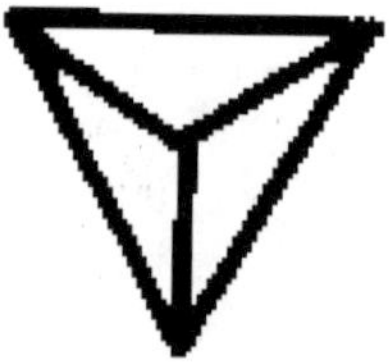

A presença da infelicidade significa que não está alinhado (a) com seus desejos e seus propósitos para esta vida.

Devemos ter como exemplo a Natureza, sábia, completa, perfeita, harmonizada e viva, que a todo o momento nos mostra como entrarmos em sintonia e nos harmonizarmos.

Ainda estamos em processo de aprendizado, o reino Hominal, ou seja, o reino dos homens, ainda não é um reino completo, ele está em franca evolução e ainda tem muito a aprender.

Por isso é de extrema importância estar perto da Natureza e dos animais, subir uma montanha, sentar sobre ela e sentir o vento, a voz do mundo tocando sua face, andar descalço (a) pelas areias da praia e sentir a força e o movimento contínuo dos mares.

Observar a natureza é um dos maiores aprendizados que podemos ter, pois nos faz lembrar que fazemos parte dela e, portanto somos perfeitos em essência.

Basta tirar as cortinas que vendam os nossos olhos para percebermos a beleza da Criação. Isso acalma e nos faz acreditar que tudo está onde realmente deve estar.

Entre em sintonia com sua natureza e verá nitidamente a tristeza indo embora como a areia fina que se esvaindo ao vento.

A felicidade é um estado de espírito. Quando você estiver alinhado (a) com a Natureza, o bem estar se fará presente, o corpo rejuvenescerá e o seu semblante agradecerá, pois no fundo este é o seu estado natural. Você é a própria Natureza, você é ela e ela é você. Compreende?

***"Como são belas as flores, pena que eu era tão jovem. Deveria ter descoberto isso há mais tempo."***

***Palavras de um velho alquimista***

# Aventura

Nunca é tarde para encarar o desconhecido.

Nunca é tarde para ir além do que se pode ver. Acredite, o ser humano está fadado a viver uma eterna aventura na Terra.

Você pode até continuar sentado (a) em seu sofá, assistindo tranquilamente a sua TV, confortável e seguro (a) e continuar acreditando que a vida é tediosa e sem sentido, mas agindo dessa forma, estará se enganando, pois mesmo sentado (a) de forma passiva estará vivendo uma grande aventura na Terra, a aventura da vida.

Já que a aventura é o destino humano, então por que você não começa colorindo um pouco mais a sua vida conhecendo novos lugares e novas pessoas? Tente dar mais intensidade a ela. Vá em frente, não fique aí parado (a)! Você não é essa pessoa desanimada que acredita ser, é?

Certamente não. Se você está com este livro em suas mãos é porque está à procura de respostas. A resposta é essa. Vá em frente e esqueça o desânimo e a desmotivação. A vida está aí para ser vivida.

A vida é uma grande viagem. Aproveite essa viagem o máximo que puder. Acredite, se você realmente quiser, ela pode ser maravilhosa.

# O Altruísta

Há homens que não conseguem obter nada além da sua própria riqueza, a não ser o medo de perdê-la.

Esses se acham ricos, mas se ludibriam, pois na verdade, suas almas são pobres. O verdadeiro rico é aquele que tem a alma altruísta, pois sabe que tudo o que está em suas mãos é provisório e passageiro e que está vivendo sob um regime de empréstimo divino. Ele se sente confortável e feliz em saber que um dia terá de devolver e repartir com outrem, tudo aquilo que um dia recebeu de alguém.

Riqueza é um estado de espírito. ***Estar rico*** é uma coisa, e ***ser rico*** é outra. ***Estar rico*** pode ser uma condição passageira, pois uma pessoa pode estar rica hoje e amanhã não estar mais, no entanto ***ser rico*** é diferente, ser rico é algo permanente, é ter fé que mesmo às vezes tendo dificuldades, novas pessoas surgirão e com elas novas oportunidades virão e a riqueza retornará e fará parte da sua vida cotidiana novamente.

Por isso, vibre a riqueza e a prosperidade. Não deseje "***Ter***" prosperidade. Deseje "***Ser***" próspero (a). Prosperidade não tem nada a ver com posse. Prosperidade tem a ver com relacionamentos, com pessoas e compartilhamento de riqueza.

# O Verbo

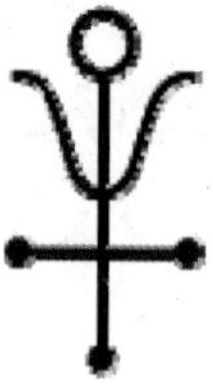

O importante não é o que entra pelos seus ouvidos, mas sim o que sai pela sua boca.

O dom da fala foi concedido aos homens, não para enganarem uns aos outros, mas sim para que expressassem seus pensamentos e sentimentos.

Já foi dito no grande livro sagrado: ***"E do verbo se fez carne"***. Essa frase de João retrata perfeitamente o poder da voz, o ato de verbalizar e materializar o que pensamos e sentimos. Uma vez dito, está dito, não tem como voltar atrás. Imediatamente após a verbalização as palavras tomam forma e vibram em todo o Universo.

As vibrações dos nossos pensamentos e dos nossos sentimentos são potencializadas quando as verbalizamos.

O verbo vai, mas sempre volta para nós com a mesma potência e intensidade com que foi enviado. Por isso a importância de procurarmos falar sempre o bem sobre os outros e sobre nós mesmos, pois o verbo tem o poder de construir e também de destruir bons relacionamentos.

Cuidado com o que diz, o verbo tem poder. Se não tem certeza de algo, pense antes de falar.

# Entusiasmo

A palavra entusiasmo significa: ***estado de exaltação da alma***. Não há disposição, motivação, vontade ou qualquer tipo de ação, sem que aja antes um grande entusiasmo.

O entusiasmo brota da alma quando você descobre o propósito maior da sua vida.

Se ainda não o sentiu verdadeiramente em sua vida, comece a procurá-lo através do processo do autoconhecimento e da meditação, pois ***Meditar*** significa: ***Me – dizer***.

Pergunte ao seu espírito, pois com certeza ele responderá o que deseja saber. Quando o entusiasmo invade a alma e o propósito maior da sua vida se revela, todas as impossibilidades desaparecem e todos os obstáculos se desfazem. A motivação, a disposição e o amor pela vida se fazem presentes e nada é capaz de conter a sua vontade de vencer.

O entusiasmo é um sentimento de origem espiritual. Toda pessoa entusiasmada é uma pessoa extremamente espiritualizada. Pois está alinhada com seus propósitos maiores para esta vida. Não há diferença entre o mundo espiritual e o mundo físico.

***"O que está em cima é igual ao que está embaixo. O objetivo é realizar os milagres de uma mesma coisa."***

***O livro do Caiballion (Egito 3.600 a.C)***

# Saber

**"O ápice da sabedoria, é descobrir que realmente nada se sabe."**

Não se torne arrogante a ponto de achar que já sabe tudo e ninguém é melhor do que você.

Ter excesso de conhecimento intelectual não significa necessariamente que seja uma pessoa sábia.

A sabedoria verdadeira só se consegue através da vivência e da prática dos conhecimentos que supostamente tenha adquirido.

Não se pode dizer que sabe algo, se não vivenciou esse ***"algo"*** um dia. Neste caso não se sabe, somente se tem o conhecimento. Por isso estamos aqui na Terra, para conhecer, vivenciar e depois aprender.

A Terra é um planeta escola, todos estão aqui para aprender. Alguns têm mais conhecimento do que outros, mas ninguém sabe mais do que ninguém, todos estão aqui para aprender, se não precisássemos aprender, então não estaríamos aqui. Compreende?

Sabedoria não é a mesma coisa que conhecimento. Sabedoria se conquista através da experiência e da vivência.

Quer se tornar uma pessoa sábia. Então, coloque todo o seu conhecimento a prova e comece a praticar o que conhece na sua própria vida. Só assim poderá transformar um conhecimento em verdadeira sabedoria.

Viver é um eterno saber, um eterno descobrimento, uma eterna aventura.

## *"Só sei que nada sei."*

*Sócrates (Grécia -470 a.C)*

# Propósito

Você não é obrigado (a) a vencer a qualquer preço, contudo, tem o dever de ser verdadeiro (a) consigo mesmo (a) e tentar descobrir o real sentido da sua vida.

Encontrar o seu propósito pessoal, é a melhor maneira que existe de descobrir esse sentido. Encontrar o seu propósito pessoal é a melhor forma de ajudar o mundo.

Se você ainda não reconhece qual é a sua missão e se sente perdido (a), em meio às escolhas que fez na sua vida, não se desespere, acalme sua mente e entre em sintonia com suas lembranças de infância, lá encontrará as respostas que tanto deseja. Pois ali as lembranças do mundo espiritual ainda eram latentes.

Propósito é a causa, a fonte, a origem da sua existência, o lado oculto da sua vida, aquele que não consegue enxergar e não consegue demonstrar através de palavras. Aquele que vibra e pulsa constante dentro da sua mente e não lhe deixa esquecer o que veio aqui fazer. Aquele que muitas vezes, não conta para ninguém, pois achariam algo impossível e até inimaginável.

O propósito é o seu centro de sinergia com o Universo, quando o encontrar, encontrará também a fonte do seu verdadeiro entusiasmo. Propósito é o sonho da sua vida, a missão, mas não a missão no sentido negativo como muitos acreditam.

Esqueça a ideia de missão como um fardo a ser carregado, passe a compreender a sua missão como um propósito a ser seguido, uma bem aventurança que o (a) levará adiante e lhe trará todos os tesouros que estão reservados a você nesta vida.

***"Tudo o que existe de visível ou oculto, funciona porque faz parte de um todo. Tudo faz parte da criação e da mente onipresente de Deus, tudo faz parte de um poder total.
O Todo é Mente.
O Universo é Mental."***

***O Caiballion (Inhotep-Egito 3.600 a.C).***

# Verdade ou Mentira

O que você faz ou pensa em fazer lhe desperta uma paixão verdadeira?

Se isso não acontece, é momento de avaliar o que realmente deseja para a sua vida.

Não precisa jogar tudo para o alto e largar seu trabalho ou sua carreira, pois isso não seria saudável momentaneamente, mas é preciso buscar dentro de você o que realmente lhe faz feliz.

A felicidade só está à disposição para aqueles que enfrentam as barreiras que separam sonhos de realidades.

É preciso parar de reclamar pelo que não tem e agradecer pelo que tem. Assim você começará a dissipar velhos padrões que lhe impedem de alcançar o que deseja. Caso contrário viverá uma eterna mentira, uma vida de eternas ilusões.

Prefere deixar o seu sonho verdadeiro engavetado, como se fosse um presente velho, que um dia recebeu e não mostra para ninguém? Ou prefere trazê-lo á tona e assumi-lo de uma vez por todas?

É preciso que saiba, pode ser difícil tomar uma decisão e sair definitivamente ao encontro dos seus maiores sonhos, porém mais difícil do que isso é um dia se arrepender de não ter tentado ao menos ser feliz nesta vida.

A escolha está em suas mãos: pode continuar vivendo uma grande mentira em sua vida, se enganando e enganando os outros e viver uma vida de falsas aparências, ou então pode acessar a sua verdade interior, se aceitar e permitir que a felicidade, a gratidão e o amor sejam parte integrante do seu dia a dia. Pense nisso.

***"A pior mentira não é aquela que é dita. Mas sim aquela que não é dita."***

# A Alta Conta Corrente

E os políticos corruptos, os aproveitadores e enganadores?

Nós dizemos que eles são pobres coitados, já que, infelizmente eles não sabem o que estão fazendo.

Oremos por eles, pois realmente não sabem o que fazem.

Você acha que essas pessoas estão sendo espertas se aproveitando da boa vontade e da inocência da população?

Não se preocupe, pois não são. Acredite essas pessoas estão se enganando gravemente, pois se fossem realmente espertas, optariam por ser honestas. Se elas conhecessem o poder infalível da grande conta corrente astral que tudo gerencia no plano espiritual, jamais fariam o que fazem.

Tudo o que se obtém ilicitamente por intermédio de alguém, deverá ser devolvido a outrem. A conta corrente astral, aquela que não se pode ver, é justa e perfeita, nada pode corrompê-la, pois tem como base, os ditames da justiça divina. Não tem ninguém vigiando o que às pessoas fazem ou deixam de fazer, a consciência de cada um, o olho que tudo vê é o juiz e também o jurado, Deus não julga e nem condena, Ele sequer sabe o significado da palavra julgamento. Quem julga o homem é ele mesmo, a sua própria consciência pode absolvê-lo ou condená-lo.

# Ouse

Ouse Sonhar!

Os sonhadores têm o poder de enxergar os amanhãs!

Ouse criar desejos verdadeiros, desejar significa abrir caminhos para as realizações.

Acredite nas magias, pois o Universo está repleto delas. Acima de tudo, acredite em si mesmo (a), cada sessenta segundos que você passa mal-humorado (a), angustiado (a) ou estressado (a), é um minuto de alegria que não volta nunca mais.

A vida é bela e precisa ser desfrutada, quebre as regras e perdoe rapidamente, beije suavemente, ame de verdade, ria sem controle e nunca se arrependa de algo que lhe fez sorrir um dia.

Quer ser uma pessoa feliz?

Então sorria para a vida e comece hoje mesmo!

***"Uma vida sem sorrisos não merece ser vivida."***

# A Riqueza

Muitas pessoas desejam a riqueza, o dinheiro e a fama, mas a maioria delas não alcança o que tanto desejam, pelo simples fato de não conhecerem suas verdadeiras intenções.

Muitas pessoas dizem trabalharem intensamente para se tornarem ricas um dia, mas no fundo elas não estão querendo se tornar pessoas ricas, a maioria deseja, no fundo, não ficar pobre um dia. Há uma diferença muito grande entre querer ficar rico e não querer ficar pobre.

Isso porque a intenção verdadeira, aquela que vibra no fundo da alma vive sob os ditames do medo e da falta.

As grandes perdas da vida acontecem pelo simples fato de ficarem suas vidas no medo da perda.

O que importa é o foco, a atenção que se dá a maioria do tempo. Essa é premissa básica dos ensinamentos da Lei da Atração.

O que você pensa, você sente, o que você sente, você vibra e o que você vibra, você atrai para a sua vida. Pense nisso!

Quer ser uma pessoa rica?

Antes precisa sentir-se realmente rico (a), mesmo antes de ser precisa se sentir rico (a). Compreende?

Se a sua alma é realmente rica, então não se preocupe, você está destinado (a) a ser uma pessoa rica.

***"Se quiser por à prova o caráter de uma pessoa, dê riqueza a ela e terá a sua resposta".***

# Pedido

Há uma força que lhe ouve no Universo.

Você pode se comunicar com ela através do verbo ou apenas através do seu pensamento, não importa a forma que está interagindo com o Universo, o que importa é à força da sua intenção, à vontade, a decisão, a potência que está arraigada na mensagem que está enviando para além de onde os seus olhos conseguem enxergar.

Se ela for densa e fraca, se dissipará com os ventos etéreos, contudo se ela for clara, limpa e forte, não tenha dúvida, cedo ou tarde, o Universo lhe atenderá e lhe presenteará.

Há uma fonte inesgotável, abundante e que não cessa jamais, ela está a sua disposição o tempo todo. Essa fonte lhe trará tudo o que deseja se assim quiser, basta se fazer ouvir através do seu coração.

Essa fonte é puro amor e nunca lhe deixa desamparado (a).

Peça e deseje do fundo do seu coração, pois todo pedido é sempre concedido.

# Potencialidade

Se você tem uma boa ideia e não a realiza, preste atenção, pois outra pessoa pode vir e fazer por você.

As ideias vêm do mundo espiritual e se precipitam na Terra através das pessoas, elas sempre se originam dos mundos superiores.

Logicamente não conseguimos vê-las.

As ideias não estão sob os ditames da posse pessoal, as ideias são disponibilizadas para todos, mas somente os que têm força de vontade e perseverança, recebem os códigos para colocá-las em prática na Terra.

Tem uma boa ideia e acredita realmente nela?

Então vá em frente e a realize antes que alguém faça isso por você.

Utilize seus dons criadores, faculdades e potencialidades e comece a colocar o seu dom criativo em ação. O Universo agradecerá.

Não tenha medo, vá em frente e manifeste a vontade de Deus na Terra. Tenha confiança e fé em você mesmo (a)!

# Provocação

Jogar fora seus sonhos por medo ou por orgulho, é como jogar pérolas aos porcos.

Não deixe que pisem em você. Não aceite qualquer tipo de condicionamento alheio, seja autêntico (a) e confiante. Grite e decrete em voz alta o que vibra lá no fundo do seu coração e acredite, nada, nem ninguém poderá conter a força que existe dentro de você. Não aceite que os outros digam que você não é capaz, não aceite que digam que não é bom (a) o suficiente para realizar o que se propõe a fazer. Mantenha sua vibração sempre em alto nível.

Caso as provocações persistam em acontecer, opte por não encará-las ou enfrentá-las, faça diferente, comece a agradecê-las, pois assim compreenderá que é através dessas mesmas provocações que você acabou reagindo e mudando várias condutas em sua vida. Com certeza num futuro próximo agradecerá por ter passado por tantas provações e tantas provocações. Provocação é o ato de provocar uma ação ou uma reação.

***"Quem tem medo de errar, nunca poderá saborear as delícias de algo novo."***

# Nada Se Perde

Vivemos num mundo totalmente dinâmico e regido pela lei maior do compartilhamento.

Tudo o que existe é compartilhado na sua essência.

Temos a mera ilusão que somos detentores de bens, de riqueza e de posses, uma breve impressão paira no ar e nos faz acreditar que somos mesmo donos de alguma coisa nesta vida.

Não nos enganemos, tudo o que está em nossas mãos, está sob a forma de empréstimo divino, um dia terá de ser tudo devolvido a quem é de direito.

Cabe a nós fazer o melhor que pudermos com o que está em nossas mãos atualmente, fazer o bem com o que nos foi determinado a possuir por certo período de tempo.

Veja a seguir uma reflexão interessante de Lavoisier ao descobrir que haviam roubado a sua carteira:

***"Não tem problema, nada se perde, apenas troca de dono."***

***Antonie Lavoisier (1743 – 1794)***

# Satisfação

Se tiver sonhos, acredite neles, não se menospreze comparando os seus sonhos com os sonhos dos outros.

Não precisa desejar ser uma pessoa milionária, uma pessoa famosa, um (a) presidente da república ou um (a) grande intelectual.

Qual a diferença entre querer ser, por exemplo, a melhor mãe do mundo e querer ser a pessoa mais rica do mundo?

Para o plano espiritual, o que importa é o propósito, o motivo, a missão.

Cada um está onde deve estar, basta ter sonhos e ir ao encontro deles, por menor que ele pareça ser, acredite, ele pode lhe trazer uma grande satisfação na vida, o auto-reconhecimento e o prazer da própria realização.

Seja o melhor para si e para o mundo, faça a diferença e seja o melhor no que se propôs a fazer e receba as bênçãos de Deus.

***"Tudo o que existe já foi sonho um dia."***

*Leonardo da Vinci (1492 – 1519)*

# Preparação

Se de repente perceber que está numa fase negativa e de baixa estima, uma fase de perdas e de constante desânimo, então comece a se preparar, pois a fase boa está por chegar.

O Universo nunca para e nunca deixa uma pessoa estagnada para sempre, ele sempre proporciona novas possibilidades para o (a) levar adiante.

Os ciclos da vida são como os ciclos dos oceanos e as ondas do mar, elas recuam até não conseguirem mais suportar a força contrária do grande oceano que de repente as eleva e as arrebata.

Quando o refluxo chega ao seu limite e a onda parece que vai desaparecer, ela se transforma numa nova e poderosa onda e carrega novamente tudo o que encontra pela frente.

A vida também é assim, feita de ciclos, de altos e baixos, de cadenciações e ritmos que movimentam uma trajetória.

Então, quando tudo parecer estar perdido, não desanime, pois em breve, uma nova força vai brotar das entranhas da sua alma para levá-lo (a) novamente adiante.

Não desista jamais, pois o Universo vibra pela vida e nunca lhe deixará desamparado (a) e sem uma saída.

# Solução

Se realmente entendemos o problema, a resposta virá dele, porque a resposta não está separada dele.

Toda solução está sempre intrínseca dentro do próprio problema.

Se quiser encontrar uma saída para o que lhe angustia, então mergulhe com toda vontade dentro dos meandros do próprio problema, pois ali encontrará as respostas que tanto procura.

No entanto, nunca procure com raiva, rancor, ódio ou qualquer sentimento negativo que se valha, por pior que seja o problema, sempre deve encará-lo de frente através do prisma do bem e do amor.

Acalme-se e peça hoje, quando for se deitar, a orientação dos seus anjos da guarda. Peça para lhe trazerem sabedoria e discernimento, para encontrar a melhor e mais adequada solução para si e para os que estão envolvidos dentro do problema.

Acredite, através da ética e do bom senso, os contratempos e as dificuldades sempre são anuladas e neutralizadas. Qualquer força maléfica que possa posteriormente lhe atingir é dissolvida pelo poder do amor.

Filosoficamente, ética e amor são a mesma coisa e tem o mesmo poder. Através do amor e da ética certamente você fará as melhores escolhas.

# Boa Safra

Uma grande realização não é feita por um simples impulso, mas sim, por uma somatória deles.

Cuide dos seus sonhos todos os dias, como se fosse um agricultor que irriga e aduba sua plantação todas as manhãs.

Pode até demorar um pouco, talvez até mais do que você imagina, mas não tenha dúvida, a época da boa safra sempre chega para aquele que cultiva a arte de viver. Não duvide disso jamais.

A boa safra sempre chega. Cabe a você ver que tipo de sementes está plantando, ou quer plantar. Você sempre colhe o que planta.

***"Se você não for melhor amanhã, do que você foi hoje, então qual a sua serventia para o amanhã?"***

# Desafio

Uma vida sem desafios não vale a pena ser vivida.

Por mais difícil que pareça ser a sua condição, jamais entre em desespero.

Lembre-se que seus problemas podem ser imensamente inferiores aos problemas das outras pessoas.

Você não tem realmente o direito de reclamar dos seus problemas, pois você escolheu ou permitiu estar onde está.

Vire a mesa e mude o foco, comece a praticar a partir de hoje, a gratidão. Seja grato (a) pelo que tem ao invés de continuar reclamando pelo que ainda não tem, pois muitas pessoas, sequer podem ter o que um dia, você já teve e sequer deu valor.

Ter gratidão pelo que já conquistou e ser grato (a) pelas pessoas que lhe ajudaram na vida, é o primeiro passo que alguém deve dar se almeja uma vida próspera e saudável.

***"A gratidão é essencial em qualquer processo de realização."***

# Vida

É muito triste pensar que todos que eu conheço, um dia vão embora, mas ao mesmo tempo é aconchegante saber que os encontrarei novamente dentro da grande viagem da eternidade.

Não há dúvidas que há muito mais vida além desta breve vida, e que um dia estaremos juntos novamente e teremos a oportunidade de refazer o que um dia não foi possível ser feito.

A ideia da morte como sendo o fim da vida, é um ideia medíocre e pouco convincente. Só a vida existe, só o amor existe, todo o resto é ilusão.

O homem não morre quando deixa de viver, mas sim quando deixa de amar. Ame e viva a vida.

***"Há muito mais vida além desta breve vida."***

# Vida Eterna

∞

Se você tem consciência que irá para algum lugar após a morte e que veio de algum lugar antes de nascer, tem de seguir a lógica e assumir de uma vez por todas que é um ser eterno (a). Por esse simples motivo, não precisa mais dar qualquer valor ao sofrimento nesta vida.

A razão e a lógica são atos essencialmente espirituais, descobrir que há muito mais vida além desta vida, nos remete a repensar sobre nossos problemas corriqueiros, nossas medíocres inquietações e nossas pequenas preocupações mundanas.

Será que seus problemas são realmente grandes o suficiente para fazê-lo (a) acreditar que a vida não vale a pena ser vivida?

Talvez o seu problema não chegue a ser sequer uma gota de água dentro do grande oceano que é a vida eterna. Pense nisso e comece a tomar as rédeas da sua vida. Seja forte e passe por cima das dificuldades, elas nunca serão mais fortes do que você.

***"A vida eterna é a vida espiritual."***

# Vontade

O maior ou o menor grau de felicidade depende essencialmente da vontade de ser feliz. Se quiser viver uma vida verdadeiramente feliz, prenda-se a uma meta, não se prenda às pessoas e nem às coisas. A escatologia do homem é descobrir a vontade maior que vibra dentro da sua alma e ir ao encontro dela a qualquer custo.

Despertar para uma grande vontade, é descobrir a fonte da vida. Enganam-se aqueles que acreditam que a felicidade própria está no outro ou em alguma coisa material, como um carro, uma casa ou até mesmo no dinheiro e na riqueza. A Fonte que o (a) alimenta, está dentro de você mesmo (a), enquanto não a encontrar, vagará pelo mundo a procura de algo que sequer sabe o que é.

Um dia um velho amigo me disse: "Fui a muitos lugares ao redor do mundo a procura de algo que preenchesse o vazio da minha alma e acabei encontrando o que tanto buscava dentro de mim mesmo, quando já estava velho e sentado numa velha cadeira de balanço, na varanda da minha casa. Descobri que a minha maior vontade era, no fundo, descobrir uma forma interessante de me amar."

***"Há uma força motriz mais poderosa que o vapor, a eletricidade e a energia atômica:***

***A vontade."***

***Albert Einstein (1879-1955)***

# Destino

Qual é o seu destino?

Essa é uma dúvida que você tem?

Não há segredo para descobrir o seu destino.

Ninguém precisa lhe dizer o que precisa fazer ou para onde precisa ir. Não terceirize mais o que você mesmo (a) já sabe.

O que você mais deseja na vida?

Ter uma família, um ótimo emprego ou um negócio próprio? Então esse é o seu destino.

Quer ser um (a) médico (a) conceituado (a), um (a) advogado (a) competente e ser reconhecido (a) por isso? Então esse é o seu destino.

Quer ser um cantor ou uma cantora famosa? Então esse é o seu destino.

Quer ser uma pessoa de sucesso, rica e próspera? Então esse é o seu destino.

Quer trabalhar com voluntariado e servir ao próximo da melhor maneira possível?

Quer ser uma pessoa reconhecida pelo seu altruísmo incondicional? Então esse é o seu destino.

Você sabe qual é o seu destino, todos conhecem seus destinos, mas poucos apostam e perseveram para cumprir e chegar até onde desejam chegar.

Ninguém poderá lhe dizer realmente para onde ir, somente você sabe exatamente o que vibra no fundo do seu coração.

Seu coração, a sua vontade verdadeira, o seu sonho oculto, que às vezes não conta para ninguém é o seu verdadeiro destino.

Porque não sai e não vai em busca dele?

Nunca é tarde para começar. Não importa a idade que tenha, nunca é tarde.

Há pessoas que começam a sair em busca de seus sonhos, depois dos 65 ou 70 anos.

Portanto não há desculpas para não ir em frente. Não há segredo oculto o suficiente que não deva ser revelado.

***"Não perca mais nenhum segundo se arrependendo do que fez errado no passado. Porque pensar emocionalmente nos erros do passado é como se estivesse errando novamente."***

# Obstáculos

Você não nasceu para lutar incansavelmente, como também não nasceu para viver uma vida de faltas e de sofrimento.

Você não nasceu para sofrer e muito menos para perder. Porém a vida nos apresenta ao longo de nossa caminhada desafios que temos de enfrentar.

Ninguém passa ileso nesta vida, todos precisam passar por provações, uns mais e outros menos, mas todos enfrentam obstáculos durante a vida. Você não está livre disso, mas desanime, pois eles têm uma razão de existir.

Quando os obstáculos são ultrapassados e vencidos, eles se transformam em alavancas poderosas, como se fossem catapultas que lançam sua vida para longe, muito além de onde estava acostumado (a) ficar. O enfrentamento e a vitória têm a capacidade de tirá-lo (a) da sua zona de conforto.

Você nasceu para vencer e não para fracassar. Vá em frente e não duvide de sua capacidade. Não tema nada e nem ninguém.

Você está com Deus e Deus está em você. Ele vibra em todas as células e moléculas do seu corpo. Portanto nunca estará desamparado (a) e tampouco sozinho (a).

Todos nós somos filhos de Deus e como filhos Dele, somos seus herdeiros universais.

# A Grande Força

Não existem diferentes tipos de pensamentos positivos.

Não existe o pensamento positivo voltado somente para o sucesso financeiro. Não existe o pensamento positivo voltado somente para o bom relacionamento, bem como não existe o pensamento positivo somente para conseguir um bom emprego ou para conseguir comprar uma casa ou um carro novo.

Só existe um tipo de pensamento positivo e através dele tudo pode acontecer simultaneamente em sua vida. Esse pensamento cria e movimenta tudo o que existe. Sim, tudo começa nele e acaba nele.

A prosperidade, o sucesso, a riqueza, a felicidade, a abundância surgem através dele.

Se não o cultiva, certamente estará fadado (a) a não conseguir o que espera, já que tudo o que almeja depende dele.

Esse pensamento é o grande poder do ser humano. O pensamento do ***Amor incondicional***.

Amar não é somente olhar nos olhos um do outro, amar é olhar juntos e na mesma direção. Essa é a grande força!

# Tudo é Importante

Tudo o que se faz na vida é importante, por mais insignificante que pareça ser tudo tem a sua importância e seu valor.

Mesmo que num dado momento pareça ter sido pouco útil, no futuro agradecerá por um dia ter feito aquele curso que parecia ser muito desinteressante, ou por ter aceitado aquele emprego que não era tão gratificante e pagava pouco, por ter morado naquela cidade por algum tempo, mesmo não gostando e sabendo que não ficaria lá por muito tempo.

Enfim, tudo o que se faz na vida não é desperdiçado, muito pelo contrário, tudo o que se vivencia tem sua importância.

Então, aproveite o máximo que puder da sua vida hoje, pois o que provavelmente possa parecer desinteressante, maçante ou cansativo no presente, no futuro certamente será extremamente importante e será essencial para algo que precise fazer lá na frente.

Nada é por acaso no Universo, tudo o que parece confuso e complicado hoje, um dia será explicado, ordenado e revelado a você.

O Universo trabalha pelo prisma da lógica e da perfeição e não pelo acaso, pela desordem e pela imperfeição.

***"Uma meta nada mais é do que um sonho, que tem um prazo estipulado para ser realizado."***

***Napoleon Hill***

# Ação e Reação

O Universo é perfeito. Ele é regido por leis superiores, leis espirituais que não conseguimos ver nem comprovar, apenas sentir e vivenciar.

Uma das grandes leis que comandam nosso mundo é a Lei da Reciprocidade. Ela está interligada com outras leis tão poderosas e perfeitas quanto ela.

São elas: A Lei da Atração e a Lei da Ação e Reação.

Tudo o que você pensa, você atrai e tudo o que você faz para os outros ou pensa sobre os outros, volta para você com a mesma força e intensidade, como se estivesse lançando um bumerangue.

Se lançar o bem, receberá o bem, se lançar o mal, receberá o mal.

Se ajudar alguém, um dia será ajudado (a) por outrem.

Se for compreensivo (a), um dia será compreendido (a).

Se tiver o hábito de reconhecer o potencial dos outros, certamente um dia também será reconhecido (a).

Contudo, se sentir raiva, ódio ou rancor por alguém, receberá em pouco tempo, uma carga energética negativa com a mesma intensidade e mesma força que emitiu.

Se desejar o mal para alguém, automaticamente estará permitindo que o mal se manifeste e faça parte da sua vida.

É momento de prestar atenção nos seus pensamentos e nas suas ações para com os outros, pois o que acontece na sua vida é apenas o reflexo da sua própria conduta individual.

***"Só uma coisa é capaz de libertar o ser humano de todas as dores e de todo o peso da vida. Essa coisa se chama Amor."***

# O Melhor

Passa-se mais tempo na vida falando sobre o que não se gosta e não se quer, do que sobre o que se gosta e o que se quer.

Essa conduta mental diária vem contra as leis naturais do Universo e permite a entrada da negatividade na vida cotidiana.

Ao invés de reclamar, a partir de hoje, opte por agradecer.

Ao invés de julgar, opte por ajudar e cooperar.

Ao invés de invejar, opte por admirar.

Ao invés de se privar das coisas boas da vida e se contentar somente com migalhas, acreditando que tudo na vida é fruto da dificuldade e do sofrimento, a partir de hoje, opte por permitir o bom, o melhor, o ideal e o mais adequado para a sua vida.

Escolha isso para você e para os seus, pois sozinho (a) nunca chegará a lugar algum e nunca poderá ter acesso à verdadeira felicidade.

Faça isso e verá maravilhas acontecendo em seu dia a dia.

# Culpa

A culpa nada mais é que o resultado de atos falhos conscientes ou inconscientes. Uma via de mão dupla, onde se pode culpar o outro, ou sentir-se culpado. Em ambos os casos, a visão é deturpada, tanto de quem sente, quanto de quem acusa, ambos estão redondamente equivocados.

Se somos os únicos responsáveis por nossas escolhas, como podemos culpar os outros?

Se fizemos escolhas, mesmo que equivocadamente, como podemos nos sentir culpados?

Pare de culpar os outros. Sentir-se mal está diretamente ligado a você e não aos outros. Sempre que se sentir mal é porque sua consciência está querendo lhe dizer algo, mas você não está escutando.

Ela está querendo lhe dizer que esse mal estar é porque não está conseguindo se amar de verdade. Não consegue se aceitar e então culpa os outros.

Geralmente as pessoas que costumam apontar os erros alheios, são as mesmas que não conseguem se amar, que reclamam da vida constantemente, que se vitimizam e dizem que o mundo não é como deveria ser.

A saída é sempre pelas portas do amor.

Deus nos deu a vida para que ao longo de nossa caminhada nos encontrássemos e nos amássemos como somos.

Estamos aqui de passagem e o maior aprendizado que podemos obter na Terra é o ***Amor Próprio***.

Acredite, quando chegar à hora de partir desta vida e chegar ao reino da eternidade, a pergunta que os anjos irão lhe fazer, será simples e direta. Eles lhe perguntarão:

-**Você se amou o bastante durante a vida?**

Essa pergunta pode ser simples, mas a resposta com certeza não é.

Por isso, a partir de hoje, desprenda-se dos dogmas de culpa e canalize as energias da sua vida para a prática do amor próprio, pois ele é a base e o pilar do amor universal.

Ame-se e viva plenamente esta vida.

# Foco

Quer atrair algo bom para seu dia a dia e para sua vida?

Então, pare e comece a pensar em tudo o que ama e tudo o que foi bom para você na última semana, no ultimo mês e no último ano, se conseguir, pode pensar sobre sua vida inteira. Melhor ainda.

Isso fará com que você construa ao redor do seu corpo vital, uma egrégora positiva poderosa e com alta frequência vibracional, a frequência do prazer, do agradecimento.

Pare de tentar construir uma capa de proteção positivista e ilusória ao seu redor, baseado somente em coisas do futuro, não que isso seja ruim, mas se quiser se banhar de verdadeiras e boas vibrações, precisa focar sua atenção no seu passado e nas coisas boas que lhe aconteceram até hoje.

Praticar a gratidão pelo que tem e pelo que já conquistou e parar de apenas desejar o que ainda não tem é a melhor forma de praticar a verdadeira felicidade.

Você é feliz pelas amizades que tem ou pelas amizades que ainda terá?

Você é feliz pelas coisas que já construiu ou pelas coisas que ainda não construiu?

Você é feliz pela pessoa que ama e sempre o (a) amou, ou pela pessoa que um dia talvez vá encontrar?

Essas perguntas simplificam tudo.

A felicidade não está no futuro, como também não está no presente, a felicidade verdadeira está no passado, pois felicidade tem o mesmo significa que gratidão.

Infelizmente nunca lhe disseram isso. Sempre lhe disseram que a felicidade está lá na frente e deve fazer de tudo para encontrá-la no futuro que sequer ainda existe.

Pense nisso. Se a felicidade está lá no futuro, então estamos decretando e afirmando que somos pessoas infelizes à procura da infelicidade.

Isso é loucura, vamos mudar o foco das nossas vidas. Pensar dessa forma é como se fôssemos ratos correndo atrás do queijo dentro de uma gaiola que gira, nunca chegaremos a lugar algum e nunca encontraremos a felicidade. A felicidade não está no futuro, não precisamos correr atrás dela, a felicidade está no passado. A felicidade é a própria gratidão.

Seja grato (a), pois assim começará a compreender o que significa a verdadeira felicidade e aí sim, emanará vibrações de gratidão ao Universo, que por sua vez, receberá essa pura energia, lhe trazendo cada dia mais motivos, pessoas e situações para que seja feliz.

# Milagres

***"Há duas maneiras de encarar a sua vida, uma é acreditando que os milagres não existem e a outra é acreditando que eles existem."***

Essa é uma frase de Albert Einstein e reflete muito bem a visão que ele tinha sobre ciência e a religião.

Todos estão fadados a receber milagres na Terra. Milagre não é algo mágico e misterioso. Milagre vem de encontro ao merecimento.

Veja a magia dos encontros que ocorrem todos os dias na vida das pessoas ao redor do mundo.

Tudo o que conseguimos, alcançamos, desejamos e sonhamos vem até nós, através das pessoas. Elas nos trazem as oportunidades e as novas possibilidades para que os milagres aconteçam em nossas vidas. As pessoas são os veículos de manifestação dos milagres na Terra.

Os encontros, na verdade, são sempre reencontros que acontecem novamente, para que algo seja manifestado em glória na Terra.

Pare e perceba quem são as pessoas que estão ao seu lado. Será que não são elas que estão querendo lhe ajudar a transformar seus sonhos em realidade?

A transformação de um sonho em realidade requer trabalho, persistência, preparação, força de vontade e muita fé, mas se não houver a força milagrosa do Universo conspirando a nosso favor para trazer as pessoas certas nos momentos certos de nossas vidas, de nada adiantará tanto esforço.

# Sábia Natureza

Você deseja ter saúde, porque sabe as delícias que o bem estar pode lhe proporcionar.

Você deseja ter dinheiro, porque tendo dinheiro pode comprar, viajar e proporcionar tudo de melhor para você e para a sua família.

Você deseja ter um bom relacionamento e encontrar a pessoa amada, porque sabe que se estiver junto de alguém que ama, terá uma vida plena e repleta de momentos felizes.

Você deseja ter muitos amigos porque sabe que junto deles desfrutará de momentos únicos e poderá compartilhar tudo o que for bom junto deles.

Você sabe que uma vida solitária não tem realmente graça e não faz sentido algum.

Você tem todos esses sentimentos latentes em sua mente, não porque você é uma fábrica de pensamentos positivos e bons, isso acontece porque a natureza é sabia e lhe mostra o tempo todo que o bem é o melhor caminho a seguir.

A abundância e o amor que a Natureza irradia estão querendo entrar o tempo todo em sua vida, dentro do seu corpo e dentro dos seus pensamentos. A natureza quer que seja feliz, próspero (a) e rico (a). Essa é a mensagem que ela envia a todo instante para você.

A natureza quer que você encontre a pessoa amada e que seja feliz. Sim, a natureza quer vê-lo (a) entusiasmado (a) e criativo (a).

A Natureza é quem está influenciando os seus pensamentos positivos e continua lhe dizendo o tempo todo o que deve fazer para se sentir bem.

Sentir-se bem é o natural. Querer, desejar, almejar o que é bom e o que dá prazer é o natural do ser humano.

A Natureza é sábia e quer que você se junte a ela, a energia da eterna abundância.

Deixe a Natureza trabalhar um pouco por você. Relaxe sinta a vida e deixe que as coisas aconteçam naturalmente, mesmo achando que tem o controle total da sua vida, acredite, você nem sempre o tem.

# Ilusão

Se você tem o hábito de dizer:

-Quando tiver minha casa própria serei uma pessoa feliz.

-Quando encontrar a pessoa dos meus sonhos serei uma pessoa feliz.

-Quando me casar serei uma pessoa feliz.

-Quando conseguir o emprego que tanto desejo, aí sim, serei uma pessoa feliz.

-Quando estiver rico (a) e com uma conta bancária bem alta, serei realmente feliz.

Se pensar assim, esqueça, nunca poderá ter acesso à verdadeira felicidade, porque quando esses momentos chegarem, você procurará em sua mente, outras coisas para se sentir feliz.

Esse tipo de pensamento é frustrante e não leva você a lugar algum, só lhe traz mais e mais ansiedade, não poderá nunca lhe trazer a verdadeira felicidade.

Dessa forma estará vivendo um mundo de amanhãs, de eternos amanhãs que nunca chegam, pois quando o amanhã que tanto espera realmente chegar, já estará vivendo em função de outros amanhãs. Compreende?

Veja como pode estar vivendo uma grande ilusão e como o amanhã é sempre mais importante do que o hoje.

Veja como sua mente lança seus pensamentos muito além de onde realmente você está.

Para ser feliz, precisa antes sentir-se verdadeiramente feliz e grato (a). Somente assim poderá irradiar a luz da prosperidade e da alegria em sua vida.

***"Quer ser uma pessoa feliz? Então tente ser hoje mesmo."***

# Tempo

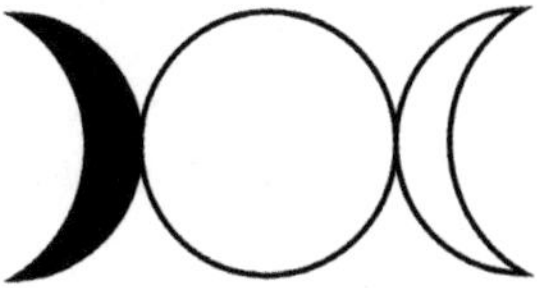

Einstein provou no inicio do século XX, que nada pode ser mais rápido que a velocidade da luz, ou seja, 300.000 km/s.

Disse também que se o ser humano conseguisse construir uma máquina que viajasse acima dessa velocidade, ele conseguiria avançar ou recuar no tempo, e então poderia viajar através dele, para o passado ou para o futuro. Realmente seria incrível, não é?

O que ele não disse é que não precisamos de uma máquina para poder viajar no tempo. Todos nós temos essa máquina do tempo dentro de nós mesmos, mas poucos conseguem utilizá-la com sabedoria.

A consciência é a grande máquina do tempo, com ela podemos ir para qualquer lugar que desejarmos dentro do tempo e do espaço. A consciência humana é movida pela energia taquiônica, a energia mais rápida que existe, 27 vezes mais rápida que a velocidade da luz.

É só pensar em algo ou em algum lugar, que automaticamente sua mente já estará lá. Nada é mais rápido que a velocidade do pensamento.

Por isso, tudo o que você deseja no presente, é automaticamente lançado para o futuro através da força do pensamento, da energia taquiônica, a energia mais veloz do Universo.

Quando deseja algo para o futuro, quando mentaliza, imagina, sente e acredita que aquilo é realmente real, é porque está vivenciando realmente tudo isso.

Imaginação bem intencionada não é uma ilusão, é algo real. Quando pensa com força e intensidade, sua consciência lhe carrega no tempo e o Universo acaba moldando tudo o que está sendo desejado no presente para ser manifestado no futuro.

O futuro é um mundo holográfico que está prestes a se realizar. Portanto, basta desejar, ter boas intenções e acreditar no Universo, pois seus pedidos são recebidos, compreendidos, formalizados, moldados e realizados. Os pedidos são sempre atendidos.

Mais cedo ou tarde seus sonhos se realizam, porque aquilo que você sente no fundo do seu coração é real e possível de ser realizado.

# Potencial

Ao invés de sair pedindo e implorando para as pessoas, opte por oferecer. Essa é uma decisão assertiva que você deve começar a praticar a partir de hoje.

Ao invés de sair para pedir um emprego, opte por sair oferecendo o seu potencial e as suas habilidades. Mesmo que você não dê o devido valor às suas potencialidades, acredite, elas podem ser úteis para alguém. Você deve valorizar o seu potencial e não menosprezá-lo.

Se você não se valorizar, ninguém o (a) valorizará. Essa é a regra principal para aqueles que desejam obter êxito em suas vidas.

Oferecer sempre é a melhor opção. O ato de oferecer, automaticamente remete a valorização, já o ato de pedir sempre remete a desvalorização pessoal.

Veja, se um mendigo para em frente a sua casa e lhe pede um trocado, sua mente imediatamente lhe diz que aquela pessoa é alguém que não tem vontade de trabalhar, que é uma pessoa aproveitadora e está querendo lhe enganar. Muitas vezes ela não está querendo fazer isso, mas essa é a primeira impressão que a mente absorve, não é?

Geralmente reagimos nesses momentos, dizendo que não temos dinheiro e que não podemos ajudar naquele instante. Mas veja, se essa mesma pessoa parasse na frente da sua casa e se oferecesse para cortar a grama do seu jardim ou se oferecesse para lavar o seu carro, certamente você não negaria ajuda a ela, pelo simples fato dela não estar lhe pedindo um dinheiro a esmo, mas sim por estar oferecendo o que ela tem de melhor naquele momento, o seu potencial, a sua vontade e a sua verdade.

A partir de hoje, reconheça em você o que tem de melhor e valorize o máximo que puder, os seus potenciais.

Nunca peça, sempre ofereça. O ato de oferecer é a demonstração da vontade, do caráter, da confiança e da auto estima elevada. Todos querem pessoas assim para trabalhar e para conviver. Oferecer é sempre o melhor caminho.

Esse é o caminho dos fortes e dos vitoriosos.

# Espelho

Mudar o sentimento é mudar a vibração mental. Mudar a vibração é mudar a forma de pensar. Mudando a forma de pensar, pode-se mudar uma vida inteira.

Através da força e da intensidade dos seus pensamentos, você irradia vibrações e atrai para a sua vida, pessoas que estejam vibrando na mesma frequência.

Se mudar o padrão de seus pensamentos, então as pessoas que não são benéficas, aos poucos irão embora dando espaço para que novas amizades e novos relacionamentos surjam e com eles novas oportunidades e novas possibilidades.

Pare e analise sua vida. Você convive com pessoas prósperas ou mesquinhas? Com pessoas altruístas ou egoístas? Com pessoas que só falam de desgraças ou que só falam coisas boas? Com pessoas ricas ou pobres de espírito? Com pessoas que julgam e fofocam ou com pessoas que admiram e cooperam com os outros? Com pessoas que culpam e não reconhecem os outros ou com pessoas que acreditam no potencial das outras pessoas e as ajudam crescer?

As pessoas com quem convivemos são grandes espelhos que nos mostram o tempo todo, quem nós realmente somos. Comece a olhar atentamente para elas e começará a compreender mais sobre si mesmo (a).

# TAO

Num dia chuvoso de outono, no final da década de 90, fui ao encontro de um velho amigo.

Ele era um artista plástico renomado mundialmente e carregava naquela época, sobre seus ombros doloridos e machucados por estilhaços da segunda guerra mundial, aproximadamente 90 anos de idade.

Ele partiu pouco tempo depois desse encontro que tivemos, mas me deixou um ensinamento muito valioso que agora repasso a você.

Nesse dia decidi ficar ali parado, vendo-o trabalhar no acabamento de uma tela de mais de 3 metros de comprimento, era realmente um trabalho muito lindo. Esperei até que terminasse a pintura. Ele se virou e olhou diretamente em meus olhos.

Como na época almejava ser um artista plástico, não poderia perder aquela oportunidade, então, fiz uma pergunta intrigante que acabou mudando extremamente a minha conduta interna e toda a minha vida:

-Tao, fiquei aqui um tempão olhando você trabalhar, mas agora você precisa me dizer como faz para pintar tão belos quadros. Suas técnicas são únicas e incríveis, como posso fazer isso também? Como posso me tornar um artista consagrado como você?

Então, calmamente e com aquele sotaque meio austríaco, ele me respondeu:

-"O segredo meu caro é não perder tempo com o que não faz sentido na sua vida. Não perca mais tempo em coisas que não lhe trarão serventia alguma, todo o tempo que puder dedicar para o aprimoramento do que gosta e deseja ser, deve ser cultivado e aproveitado ao máximo. Esqueça os programas inúteis de TV e os jogos de futebol, pois perde pelo menos de 2 a 3 horas do seu dia com algo que não vai lhe trazer utilidade alguma no futuro. Esqueça o estudo de matérias que não tem nenhuma relação com o que pratica. O problema maior das pessoas é o desperdício de tempo, foque toda a sua energia naquilo que deseja e não perca mais tempo com conversas inúteis com pessoas que não agregam valor algum. Meu amigo, esse é o segredo de um trabalho bem feito e uma carreira de sucesso, o resto são somente repetições com um pouquinho de técnica e uma pitada de bom gosto. O segredo é o foco meu caro. Quem mata o tempo, insulta a eternidade."

# Os Sinais

De nada adianta querer apressar as coisas.

Tudo vem ao seu tempo, dentro do prazo que está previsto. Mas a natureza do homem não é muito paciente. Temos pressa em tudo e trabalhamos sob um regime de urgências e emergências.

Por esse motivo, acontecem os atropelos pelo caminho, os chamados acidentes de percurso, que ocorrem quando estamos rumo ao cumprimento de nosso destino pessoal. Uma situação que você mesmo (a) provoca, por pura ansiedade de não aguardar o tempo certo.

-Mas alguém consegue dizer qual é esse tempo certo?

Basta observar os sinais.

Geralmente, quando alguma coisa está para acontecer, pequenas manifestações no cotidiano, enviam sinais indicando o caminho certo. Pode ser a palavra de um amigo, um texto lido, uma observação qualquer, o encontro repentino com um mendigo na rua, que lhe diz algumas palavras e mudam seu comportamento naquele instante. Às vezes até um simples revoado de pássaros que passa de súbito na sua frente, faz você mudar a direção do se olhar e mudar o trajeto que estava fazendo e de repente acaba se deparando com alguém que mudará sua vida para sempre.

Esses são os chamados ***sinais***, é a Lei da Sincronicidade agindo em sua vida.

Acalme-se e mantenha-se alerta. A Lei da Sincronicidade sempre se encarrega de colocar pessoas boas no seu caminho, na hora certa e no lugar certo.

Tente observar melhor o que está a sua volta. Com certeza alguns desses sinais já estão por perto, e você nem os notou ainda.

Quando você possui um objetivo claro e uma permissão clara de crescimento, o Universo sempre conspira a seu favor.

# A Tábua de Esmeraldas

"É verdade, sem engano, certo e muito verdadeiro, que o que está embaixo é como o que está em cima e o que está em cima é como o que está embaixo, para realizar os milagres de uma única coisa.

Assim como todas as coisas são e procedem do Uno, pela mediação do Uno, assim todas as coisas nasceram desta única coisa, por adaptação."

*Hermes Trismegistus - Grécia*
*(O Três Vezes Grande)*

# Posse

Muitos perseguem o dinheiro a qualquer custo e ficam desesperados como se estivessem vivendo na época da corrida do ouro, quando as pessoas matavam e passavam por cima de qualquer coisa ou qualquer pessoa para conseguir o que queriam. Era a época da febre do ouro.

Hoje estamos vivendo a febre do dinheiro, do status e da necessidade do provável reconhecimento que podemos obter através dele.

Acordemos, pois esse tempo de desalento já está acabando. Um novo mundo está surgindo e com ele uma nova forma de encarar a vida, a Natureza e os recursos que ela nos propõe.

-Para quê viver num mundo de acumulação contínua?

Um novo despertar está por chegar na sociedade humana. Esse novo despertar mostrará que o dinheiro pode ser bom para muitas coisas, e com ele é possível comprar e viver muito melhor. Sim, isso é fato e não se discute, mas as pessoas verão que, se não souberem lidar com ele e com os artifícios que ele produz, no futuro, a sociedade humana entrará em colapso por causa do extremo individualismo e pelo egoísmo desenfreado, um processo regressivo que talvez não tenha volta. Infelizmente, o dinheiro não poderá nunca comprar o que as pessoas realmente irão precisar no futuro: ***O amor próprio e verdadeiro***.

# Dificuldades

Se você tende a pensar que o que está desejando é algo difícil de conseguir, difícil de conquistar ou difícil de realizar, não significa que não vai conseguir, significa que vai realmente ser difícil de realizar, somente isso.

Porque no fundo não está dizendo que não irá realizar ou que tem medo de não conseguir, está dizendo que conseguirá, mas está sentindo que será difícil de realizar, não é?

Então o que está vibrando é a ***dificuldade*** e não o irrealizável. Se você pensa que será difícil, então surgirão dificuldades no caminho, já se você disser, com toda a convicção:

***-"Trabalharei para que tudo se realize da melhor maneira possível e da forma mais adequada possível. A partir de hoje, tudo o que se apresentar, não encararei mais como uma dificuldade, mas sim como um desafio, não mais como um problema, mas sim como uma solução. Não mais como uma fonte de sofrimento que me traz desânimo e desencanto e que me tirará muitas horas de sono, mas sim como uma fonte de aprendizado e crescimento".***

Se agir dessa forma então não tenha dúvida, o êxito será certeiro!

Precisa mudar o foco e o padrão de seus pensamentos perante os problemas que surgem em sua vida. O vencedor é aquele que enfrenta os desafios e não se esconde atrás das muralhas do orgulho e da incapacidade.

# Julgamento

Pare de falar sobre seus problemas para as pessoas. Pare de reclamar da vida e das coisas que não consegue comprar por não ter dinheiro. Pare de desejar o mal para as outras pessoas, só porque elas têm um bom emprego e condições melhores que a sua. Pare de invejar e julgar os outros.

Todos esses sentimentos confusos e negativos que verbaliza e sente em seu dia a dia, só lhe trazem desconforto, contratempos, mal estar e pouca disposição para fazer o que precisa realmente ser feito.

Pare de fugir e enfrente seus próprios medos. É muito fácil falar dos outros e colocar a culpa na sua condição física ou financeira. É muito mais fácil fazer isso do que enfrentar seus medos e colocar seus poderes criativos à prova.

Sim, você tem poderes criativos magníficos, no entanto, tem medo de utilizá-los, medo de não ser capaz ou medo de ser julgado (a) pelos outros.

-Sabe por que tem medo de ser julgado (a)?

Porque ainda convive com o julgamento alheio no seu íntimo.

Pare de fomentar as dificuldades e o lado negativo das pessoas, das situações e das coisas.

Coloque o amor acima de tudo na sua vida e a comece a cobrir seu corpo de luz e harmonia.

*"Que a luz do discernimento ilumine sua vida e a transforme em pura luz de prosperidade e harmonia."*

# Polaridade

Não ignore e não tema os sentimentos ruins.

A tristeza, a angústia, a raiva e o medo, também fazem parte da criação. Não precisa temer esses sentimentos. Até porque, se eles não existissem, nunca poderíamos conhecer as delícias e o valor dos bons sentimentos.

Esse é o princípio fundamental das Leis Herméticas da antiguidade. Só conhecerá totalmente algo, aquele que conhece os pólos contrários da mesma coisa.

Como poderemos dar valor à luz, se antes não conhecermos os horrores da escuridão?

Como poderemos gostar do calor se não conhecermos o frio. Veja, o frio e o calor são os pólos contrários de uma mesma coisa chamada temperatura.

Como poderemos descobrir o amor sem antes experimentar os dissabores da dor?

Como poderemos compreender a verdade se não compreendermos antes as propriedades da mentira?

Então, não tema as vicissitudes da vida, pois através delas será capaz de conhecer e dar o valor necessário aos bons sentimentos que as completam.

Se estiver triste hoje, saberá dar valor à alegria amanhã. Se estiver angustiado (a) hoje, saberá dar valor à paz de espírito amanhã. Se estiver com raiva hoje, saberá dar o devido valor à compaixão amanhã. Se estiver com medo hoje, conhecerá as delícias da confiança amanhã. Se estiver desesperado (a) hoje, amanhã estará confiante e praticando a fé em seu dia a dia.

***"Abrace sua sombra, pois ela também faz parte de você."***

# Diversão

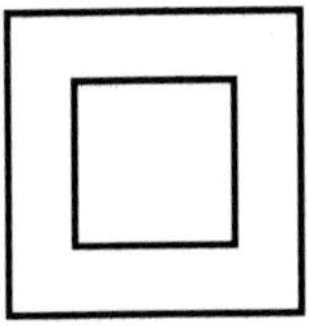

Precisa se divertir mais e parar de levar a vida tão a sério. Uma vida divertida e alegre fará você se sentir bem e trará coisas maravilhosas para sua vida.

Uma vida levada muito a sério, traz somente acontecimentos sérios, assuntos pesados e coisas difíceis e complicadas de serem resolvidas.

A vida levada muito a sério nos remete a extremos e ficamos suscetíveis a doenças. Ninguém gosta de ficar perto de pessoas muito sérias e de semblante fechado, não é?

As pessoas preferem estar perto de pessoas alegres e divertidas. Isso é fato.

Inacreditavelmente, as pessoas mais divertidas, são as pessoas mais sérias e responsáveis que existem.

Observe em seu círculo familiar, de amizades e de trabalho, veja como as pessoas divertidas cumprem suas metas com mais facilidade, veja como elas estão sempre bem e dificilmente ficam doentes.

-Está de mal com a vida hoje?

Então respire fundo e olhe a beleza que está a sua volta!

Sorria, pois um sorriso pode abrir muitas portas na vida.

# O Pássaro

Essa noite você se transformará num pássaro, em uma Íbis, e sobrevoará por cima da sua casa para ver o que está acontecendo com você mesmo (a).

Essa prática é muito antiga, era utilizada pelos sacerdotes das escolas de mistérios do antigo Egito.

Íbis é o pássaro que simboliza Toth, o escriba de Osíris, o detentor da sabedoria e do conhecimento oculto.

Quando estiver sobrevoando sobre sua casa, veja-se deitado (a) em sua cama e acordando pela manhã, depois acompanhe o trajeto que faz até o seu trabalho e veja tudo o que faz cotidianamente. Veja como trata as pessoas com quem se relaciona e com quem trabalha.

A seguir veja como você volta para sua casa, visualize como é seu relacionamento com sua família, seus vizinhos, parentes e pessoas que convivem com você. Faça um tour sobre o seu dia a dia e tente detectar em alguns minutos todos os pontos negativos que conseguir.

Sinta-se como se fosse mesmo uma Íbis e se coloque como observador (a) da sua própria vida.

Sem julgamento e sem discórdia, seja verdadeiro (a) com você mesmo (a), ninguém saberá o que você viu ou deixou de ver. Somente a sua consciência está vendo.

## Toth – O escriba Egípcio

Esse exercício despertará a sua consciência e o seu terceiro olho. O olho que tudo vê e tudo sabe.

Você já está preparado (a) para ver e modificar os comportamentos que não fazem mais sentido para a sua vida e daqui em diante ser verdadeiramente feliz consigo mesmo (a) e com todas as pessoas com quem convive.

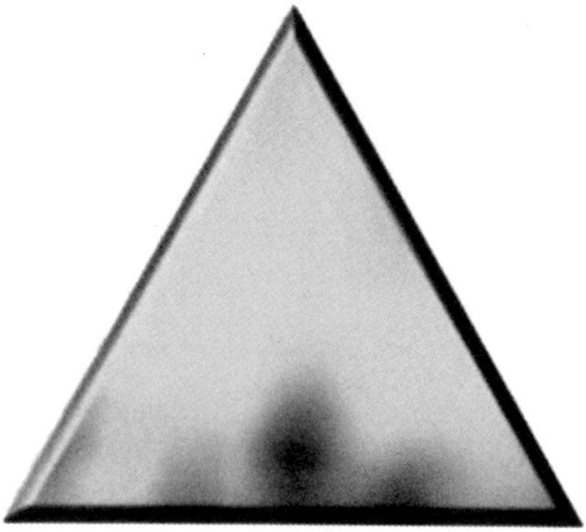

# Para Ler Diariamente

***Hoje é o começo da minha nova vida.**

*Estou começando de novo hoje.*

*Todas as coisas estão vindo até mim hoje.*

*Sou grato (a) por estar vivo (a). Vejo a beleza ao meu redor.*

*Vivo com paixão e determinação.*

*Reservo tempo para rir e me divertir todos os dias.*

*Estou consciente, energizado (a) e vivo (a).*

***Estou focado (a) em todas as coisas boas da vida e nas minhas verdadeiras intenções.**

***Agradeço por ter a liberdade mental e espiritual.**

***Estou em paz e em sintonia com tudo e com o todo.**

***Sinto o amor, a alegria e a abundância.**

***Sou livre para ser eu mesmo (a).**

***Sou a magnificência na forma humana.**

***Sou a perfeição da vida, sou a própria vida, sou o sonho de Deus em ação.**

# Conheça a coleção completa GoodBooks dos mesmos autores.

---

# Informações Adicionais:

**Site Oficial**
**www.leidaatracao.com.br**

**Blog Oficial:**
**http://leidaatracao.blogspot.com**

**Facebook Oficial:**
**Carlos Torres & Sueli Zanquim**

**Canal Oficial no Youtube:**
http://www.youtube.com/user/SZANQUIM

**Twitter:**
**@cttorres**

**Fale com os autores:**
**leidaatracao@terra.com.br**

EDITORA
ERA DE OURO